C.H.BECK WISSEN

Goethes Diktum, dass alles, was er geschrieben habe, «Bruchstücke einer großen Konfession» seien, nimmt Michael Jaeger beim Wort. Gestützt auf die neuesten Befunde der Faustphilologie und der mit ihr verbundenen Editionswissenschaft, rekapituliert dieser Band die bruchstückhafte Entstehungs- und Druckgeschichte des berühmtesten goetheschen Textes. Dabei zeigt sich, dass die fragmentarische Schreibweise eine offene Form des Dramas hervorbrachte, die dessen moderner Thematik besonders angemessen war. Denn der Faustautor hatte sich vorgenommen, die «Widersprüche disparater» zu machen, jene vor allem zwischen Ruhe und Bewegung, Reflexion und Aktion und zuletzt zwischen Weltbetrachtung und Weltveränderung. Auf diese Weise hat Goethe ein eindringliches Bild des revolutionären Bruchs gestaltet, der durch seine Epoche und durch sein eigenes Leben geht.

Michael Jaeger ist Privatdozent für Deutsche Philologie an der Freien Universität Berlin und als Gastprofessor an deutschen und ausländischen Universitäten tätig. Er hat zahlreiche Goethe- und Fauststudien verfasst, darunter die beiden großen Monographien *Fausts Kolonie* (2004) und *Wanderers Verstummen* (2014) sowie die beiden Essays *Global Player Faust* (2008) und *Salto Mortale. Goethes Flucht nach Italien* (2018).

Michael Jaeger

GOETHES *FAUST*

Das Drama der Moderne

C.H.Beck

Originalausgabe

www.chbeck.de
Satz: C.H.Beck.Media.Solutions, Nördlingen
Druck und Bindung: Druckerei C.H.Beck, Nördlingen
Reihengestaltung Umschlag: Uwe Göbel (Original 1995, mit Logo),
Marion Blomeyer (Überarbeitung 2018)
Umschlagabbildung: Will Quadflieg und Gustaf Gründgens
in *Faust*, Schauspielhaus Hamburg, © 1960, mauritius images/
Allstar Picture Library Ltd./Alamy
Printed in Germany
ISBN 978 3 406 76429 5

myclimate

klimaneutral produziert
www.chbeck.de/nachhaltig

Inhalt

Alles Ständische und Stehende verdampft,
alles Heilige wird entweiht ...

Karl Marx, Friedrich Engels

I can't get no satisfaction
'Cause I try and I try and I try and I try
I can't get no, I can't get no ...

Mick Jagger, Keith Richards

Einleitung: Die Legende vom Teufelspakt und das Drama der Grenzüberschreitung

Die Entstehung der *Faust*-Tragödie, des bekanntesten und wirkungsmächtigsten Werks Goethes, zieht sich über sein gesamtes Schriftstellerdasein hin. Während dieser Zeit zwischen 1770 und 1832 haben sich die Lebensverhältnisse in Europa auf revolutionäre Weise verändert. Die alteuropäische Welt verschwindet, und es beginnt mit der Französischen Revolution und mit der industriellen Revolution jene Epoche der Moderne, in der auch wir Heutigen noch leben. Als Faustautor hat Goethe den Beginn unserer modernen Ära, ihre Ängste und Sehnsüchte, ihre Enttäuschungen und Errungenschaften, literarisch abgebildet und kommentiert.

Im Gesamtwerk Goethes entspricht die Fausttragödie am genauesten seinem berühmten poetisch-autobiographischen Diktum: «Alles was daher von mir bekannt geworden, sind nur Bruchstücke einer großen Konfession» (MA 16, 306). Lebenslang war Goethe damit befasst, die Faustbruchstücke zu vervollständigen. Publiziert hat er das Drama zu seinen Lebzeiten immer nur fragmentarisch. Es sollte bis zur posthumen Ausgabe von 1833 dauern, ehe sämtliche Teile von Goethes *Faust* erstmals komplett gedruckt vorlagen. Man kann es als List der Literaturgeschichte ansehen, dass Goethes Fragmentprinzip eine offene und als solche spezifisch moderne Dramenform hervorbrachte, die nun gerade der modernen *Faust*-Thematik besonders angemessen war. Denn dieses Schreibverfahren erlaubte es dem Faustautor, je nach Veränderung der persönlichen Verhältnisse und der zeitgeschichtlichen Situation dem bruchstückhaft konzipierten Text stets neue Perspektiven auf die Verwandlung der Welt während der europäischen Revolutionsära zwischen 1789 und 1830 hinzuzufügen. Diese doppelte Modernität, Form und Inhalt betreffend, soll im vorliegenden Band in Rücksicht auf die Chronologie der fragmentarischen Entstehungs- und Druckgeschichte der Fausttragödie zur Anschauung kommen.

Um das Drama der modernen Zeit in Szene zu setzen, greift Goethe zunächst auf die Legende vom Teufelsbündner Doktor Faustus aus dem 16. Jahrhundert zurück. Dessen Geschichte vermag Goethe für seine Zwecke umzuschreiben, weil auch der Protagonist der alten Legende die Figur einer Umbruchszeit ist, der Wende vom ausgehenden Mittelalter zur beginnenden Neuzeit, und weil bereits der legendäre Faust den Grundkonflikt zwischen Tradition und Moderne verkörpert. Die seiner Arbeit am Mythos vom Teufelspakt zugrundeliegende Idee einer epochenübergreifenden Aktualität des Faustcharakters spricht Goethe 1827 in prägnanten Worten aus, über vier Jahrzehnte nachdem er damit begonnen hatte, die Faustgeschichte auf seine Weise zu gestalten: «Fausts Charakter auf der Höhe, wohin die neue Ausbildung aus dem alten rohen Volksmärchen denselben hervorgehoben hat, stellt einen Mann dar, welcher, in den allgemeinen Erdeschranken sich ungeduldig und unbehaglich fühlend, den Besitz des höchsten Wissens, den Genuß der schönsten Güter für unzulänglich achtet, seine Sehnsucht auch nur im mindesten zu befriedigen, einen Geist, welcher deshalb, nach allen Seiten hin sich wendend, immer unglücklicher zurückkehrt. Diese Gesinnung ist dem modernen Wesen so analog, daß mehrere gute Köpfe die Lösung einer solchen Aufgabe zu unternehmen sich gedrungen fühlten. Die Art wie ich mich dabei benommen, hat sich Beifall erworben» (WA I 41. 2, 290).

Die in dem von Goethe nachgezeichneten Psychogramm des legendären «Mannes» aufgezählten Aspekte wird man als Erscheinungsformen einer existentiellen Unruhe ansehen, die im Konflikt mit den Bedingungen des Daseins, den «allgemeinen Erdeschranken», ihren Ursprung hat. Ungeduld, Unbehaglichkeit und Unzufriedenheit heißen denn auch die ständigen Begleiter des vergeblich gegen sein irdisches Los Revoltierenden. Nichts genügt seinen Ansprüchen, der geistige «Besitz des höchsten Wissens» nicht, der materielle «Genuß der schönsten Güter» auch nicht. Was auch immer er versucht, er mag sich «nach allen Seiten» wenden, endet stets mit der Enttäuschung seiner Sehnsucht nach dem Unbedingten und führt ihn zurück ins Unglück seiner eingeschränkten Existenz.

Im Zentrum von Goethes lebenslangem Unternehmen, Fausts Tragödie als Analogie der Moderne zu schreiben, werden die Schilderungen der Ausbruchsversuche des Ungeduldigen aus den Schranken seines Daseins stehen, jene faszinierenden Abenteuer, die verbunden sind mit dem Wagnis der permanenten Grenzüberschreitung. Mit Marshall Berman könnte man im Blick auf Goethes Faustdrama von der literarisch gestalteten paradoxen «Erfahrung der Modernität» sprechen. Denn gemeinsam mit den Menschen dieser Epoche ist auch der Protagonist der goetheschen Tragödie beflügelt «von dem Willen, sich selbst und seine Welt zu verändern, zugleich aber getrieben durch die peinigende Angst vor dem Verlust der Orientierung sowie vor der Desintegration der Realität und vor dem Zerfall des Lebens. Sie alle kennen den überwältigenden Reiz und den deprimierenden Schrecken einer Welt, in der *alles Ständische und Stehende verdampft*» (Berman, 13).

Wird in dieser Aussicht der Horizont des goetheschen Textes in die Weite des 19. Jahrhunderts geöffnet, wo Fausts Drama auf den von Karl Marx und Friedrich Engels beschriebenen Maschinenlandschaften seine Fortsetzung findet (Marx/Engels 4, 465), so reicht die Geschichte der Moderne in der anderen Blickrichtung zurück bis zu den geistigen Revolutionen des Renaissance- und Reformationszeitalters, vor deren Hintergrund «Fausts Charakter» in einer Legende des 16. Jahrhunderts sichtbar wird.

I. Frühneuzeitliche Revolutionäre und die *Historia von D. Johann Fausten*

Diese Legende geht wohl zurück auf einen um 1480 in Knittlingen geborenen Georg Faust, der im süddeutschen Raum als Astrologe und Alchemist ein unstetes Wanderleben führte und der um 1540 in Staufen unter nicht ganz geheuren Umständen den Tod fand. Seine sagenumwobene Geschichte nimmt 1587 in der *Historia von D. Johann Fausten* erstmals ein literarisches Aussehen an. Sie zeigt uns die ruhelose Existenz eines frustrierten frühneuzeitlichen Wissenschaftlers, der sich der Magie zugewandt und schließlich gar dem Teufel verschrieben hat, um endlich die Grenzen des Wissens und Begehrens durchbrechen zu können. Solchermaßen stellt die *Historia* den Prototyp der Fausthandlung für die späteren Jahrhunderte bereit, und diese Überlieferung war Goethe wohlvertraut, sowohl in ihrer orthodox-theologischen Ausprägung wie auch in ihrer bereits bei Christopher Marlowe als *Tragicall History* beginnenden dramatischen Version sowie in den daran anschließenden Übersetzungen, Puppenspiel- und Bühnentexten.

Faust, so jene frühneuzeitliche Legende, der herkömmlichen akademischen Welt überdrüssig, beschwört den Teufel, mit dem er in Gestalt des Mephostophiles einen Pakt schließt. 24 Jahre soll Mephostophiles Fausts Diener sein und ihm helfen, die Grenzen der Erkenntnis und des gewöhnlichen Daseins zu überwinden, Mephostophiles soll Abenteuer und Weltreisen zum Vergnügen seines Herrn organisieren, soll Faust dann Helena, die schönste aller Frauen, zuführen, ihm zur Hand gehen in den magischen Künsten, die wunderbaren Reichtum und schrankenlose Macht versprechen, ehe am Ende dieser Frist Faust von Mephostophiles erdrosselt wird und zur Hölle fährt, wo Fausts Seele dann ihrerseits Knecht im Reich des Teufels sein muss. In seinem Begehren, in neue Seinsbereiche vorzustoßen, zeigt sich der legendäre Doktor Faustus als ein – wenn auch noch magisch operierender – Vertreter jener frühneuzeitlichen Pioniere, die zur gleichen Zeit die Grenzen der vertrauten Lebenswelt überwinden und in unbekannte Wissens- und Weltkontinente aufbrechen, wie etwa Kolumbus, Kopernikus, Vesalius oder Magellan.

In Rücksicht auf den historischen Kontext gehöre «die archaische Geschichte vom Teufelsbündner Dr. Faustus», so erläutert Nicholas Boyle den ideengeschichtlichen Zusammenhang, «nicht nur zu den sehr wenigen Mythen, die als authentisch modern gelten dürfen (...), in diesem Mythos geht es um die Definition der Moderne selbst, und wohl aus diesem Grund ist der Faust-Mythos in der frühmodernen Epoche entstanden. Die Geschichte Fausts ist die Geschichte eines Menschen, der sich bewusst und mit Vorsatz von seiner Vergangenheit trennt, von allem, was er bisher gelernt hat. Faust (...) verwirft die Tradition zugunsten eines ihm versprochenen völlig Neuen» (Boyle 2006, 37).

In entsprechend schrillen Tönen erklingt denn auch in der *Historia von D. Johann Fausten* die Ermahnung, die gott- und traditionsgegebenen «Erdeschranken» zu respektieren. Gleich auf ihrem Titelblatt teilt der anonyme Verfasser mit, dass man es mit einer Geschichte zu tun bekomme, die aus den vom «weitbeschreyten Zauberer und Schwartzkünstler» Faust hinterlassenen Schriften «allen fürwitzigen und Gottlosen Menschen zum schrecklichen Beyspiel, abscheuwlichen Exempel und treuwherziger Warnung zusammengezogen» worden sei (Historia, 3). Vor Augen geführt werde dem Publikum, wie es in der Vorrede ergänzend heißt, «wohin Sicherheit Vermessenheit unnd fürwitz letzlich einen Menschen treibe und ein gewisse Ursach sey deß Abfalls von Gott» (Historia, 5). Damit sind die Schlüsselbegriffe der als Warnschrift konzipierten Geschichte Fausts ausgesprochen: Vermessenheit und Vorwitzigkeit. Schrankenlose Wissbegierde also treibt Faust zum Bruch mit dem Gott der Bibel und in den Pakt mit dessen Widersacher. Im Hintergrund dieser theologischen Didaktik steht die Curiositas-Kritik des Kirchenvaters Augustinus und deren Neuformulierung beim Augustinermönch Martin Luther. Faust, der archetypische Renaissance- und Reformationsmensch, der neuzeitliche Akademiker und

Wissenschaftler, Zeitgenosse der großen Wissenschaftsrevolutionäre und Entdecker, kann nicht genug bekommen in seinem Wissensdrang, möchte alles wissen, alles beherrschen, über das Leben und seine Elemente schrankenlos verfügen und verfällt aufgrund dieser Hybris dem Teufel.

II. Die neue Faustidee des 18. Jahrhunderts

Neben Faust agieren bereits im 16. Jahrhundert Mephistopheles, Wagner und Helena als Hauptdarsteller des Dramas. Dieses Figurenensemble trat dann schon bald auf den Wander- und Puppenspielbühnen des 17. und 18. Jahrhunderts eine steile Theaterkarriere an. Im Milieu der Populärkultur wurde Faust zu einer prominenten Gestalt, die im Verlauf des 18. Jahrhunderts allerdings nicht mehr nur die unterhaltungsfreudigen Zuschauer des städtischen Jahrmarkttheaters fesselte, sondern bald schon die strengen Blicke solcher kritischen Zeitgenossen in Deutschland auf sich zog, die – wie etwa Johann Christoph Gottsched – im Vorfeld der Aufklärung auf vernunftgemäßere Schauspiele drangen. Dabei nahmen sie sich den formbewussten Klassizismus in Frankreich bei Corneille und Racine zum Vorbild. Das Zauber-, Teufelsspuk- und Höllenwesen in Fausts obskurer Geschichte wurde daher seit Mitte des 18. Jahrhunderts ein Gegenstand der Polemik des aufgeklärten Geistes der Epoche.

Wenn Faust dennoch während der zweiten Hälfte des 18. Jahrhunderts zu einer neuen Theaterlaufbahn aufbrechen konnte, so war das nur nach einer Umwertung seiner Person möglich. Dabei war die Neukonzeption vor allem auf die Curiositas-Kritik der theologisch inspirierten alten Faustlegende bezogen. Faust vermochte nämlich seinen Weg ins Zeitalter der Aufklärung gerade deshalb so erfolgreich fortzusetzen, weil seine ursprünglich verteufelte «Neugierde» vom hochmütigen Vorwitz zur modernen Tugend der forschenden Wissbegierde umgedeutet wurde.

Diese Umwertung von Fausts alter Sünde in ein modernes Verdienst scheint erstmals bei Gotthold Ephraim Lessing literarische Formen angenommen zu haben, wenn auch nur in fragmentarischer Gestalt (Bauer, 102 ff.). Statt der Höllenfahrt war die Erlösung des Wissbegierigen vorgesehen. Dieselbe sollte zuletzt aus Engelsmund den um ihren vermeintlich verdienten Lohn gebrachten Teufeln kundgetan werden: «Ihr habt nicht über Menschheit und Wissenschaft gesiegt; die Gottheit hat dem Menschen nicht den edelsten der Triebe (den Wissenstrieb also, Vf.) gegeben, um ihn ewig unglücklich zu machen» (Lessing 2, 780).

Zur Rechtfertigung Fausts im Geiste der Aufklärung ist es bei Lessing in expliziter Form jedoch nicht mehr gekommen. Er selbst hat 1759 nur eine einzige Faustszene in den «Briefen, die neueste Literatur betreffend» publiziert (Lessing 2, 487 ff.), die freilich noch nichts preisgab von der geplanten Modernisierung der Faustthematik. Womöglich wurde Lessing das Vorhaben, Faust als Held der Wissenschaft in ein neues Licht zu stellen, auch vergällt durch die bereits in Gang gekommene, ebenso zeitgemäße zweite Karriere Fausts im Zeichen der – Lessings Ästhetik zuwiderlaufenden – Sturm-und-Drang-Bewegung. Deren Autoren hatten den alten Teufelsbündner nämlich entdeckt als Gestalt, die erhebliches nationales Identifikationspotential im neuen Konkurrenzkampf mit der französisch-klassizistischen Geschmackskultur bot. Die Zuschreibung, einen typisch deutschen Charakter zu verkörpern, sollte Faust während seiner nun anhebenden modernen Laufbahn nie mehr loswerden.

Faustkonjunktur Teile eines im Stil des Sturm und Drang angelegten Dramas des gegen Tradition und Konvention aufbegehrenden Faust hatte Friedrich Müller seit 1776 publiziert. Aber schon zuvor waren Faustarbeiten im Verborgenen auch im Frankfurter Bürgerhaus «Am großen Hirschgraben» begonnen worden, in dessen Dachstube Johann Wolfgang Goethe wohl seit den Herbstmonaten des Jahres 1771 an einem entsprechenden Dramenmanuskript schrieb. Die Anregungen dafür hatte er aus seiner Straßburger Studienzeit mitgebracht, wo – unter dem

Einfluss Herders – parallel zur Sturm-und-Drang-typischen Begeisterung für die gotische Architektur sein Interesse für die Altertümer der deutschen Literatur geweckt wurde. Die daraus hervorgehenden charakteristisch regellosen dramatischen Versuche hatte der junge Goethe der strengen Beurteilung seines älteren Freundes jedoch entzogen. Im Rückblick von *Dichtung und Wahrheit* heißt es dazu: «Am sorgfältigsten verbarg ich ihm das Interesse an gewissen Gegenständen, die sich bei mir eingewurzelt hatten und sich nach und nach zu poetischen Gestalten ausbilden wollten. Es war *Götz* von Berlichingen und *Faust.* Die Lebensbeschreibung des erstern hatte mich im Innersten ergriffen. (...) Die bedeutende Puppenspielfabel des andern klang und summte gar vieltönig in mir wider» (MA 16, 445).

Goethe hatte die Faustüberlieferung schon während seiner Jugend bei den Besuchen der Frankfurter Puppenspiel- und Jahrmarktstheater kennengelernt, und offenbar waren es die hier auf die Bühne kommenden, im Commedia-dell'arte-Stil variierten Fassungen der alten *Historia,* die dann im Umfeld des Sturm und Drang inspirierend auf den jungen Autor wirkten. Die im Geiste der Aufklärung soeben noch aus dem Theater verbannten anarchisch-derben Bilder des Teufels-, Hexen-, Magier- und Narrenwesens scheinen zu Beginn der siebziger Jahre des 18. Jahrhunderts ein subversives Potential zu gewinnen und im Urteil der antiklassizistisch gesinnten jungen Generation aktuell zu werden. Was noch in Lessings Perspektive unmöglich schien, eine Verbindung der Ideen der Aufklärung mit der Ästhetik des Sturm und Drang, kennzeichnet nun den Beginn von Goethes Arbeit am Faustdrama.

Goethe hatte zu diesem Zeitpunkt gerade den Roman *Die Leiden des jungen Werthers* geschrieben, der ihn zum Vorbild der jungen Generation und ihrer Genieästhetik werden ließ und sofort berühmt gemacht hatte. Aufmerksam geworden war man auf den Verfasser des Romans auch in der thüringischen Residenzstadt Weimar, wo die regierende Herzogin Anna Amalia eine kunst- und wissenschaftsfördernde Politik betrieb. Zur Bildungsreise von Anna Amalias Sohn, dem künftigen Herzog Carl August, gehörte im Winter 1774 infolgedessen der Besuch bei dem zur literarischen Prominenz aufgestiegenen Wertherautor. Carl Ludwig von Knebel, der Reisebegleiter Carl Augusts, vermittelte den Kontakt und suchte den jungen Dichter im Haus am Frankfurter Hirschgraben auf. Nach Weimar schrieb er über Goethe: «Ich habe einen Haufen Fragmente von ihm, unter anderem einen Doktor Faust, wo ganz herrliche Szenen sind. Er zieht die Manuskripte aus allen Winkeln seines Zimmers hervor» (FA 7/1, 764).

Faustlesungen in Weimar Der Begegnung mit Carl August folgte die Einladung Goethes nach Weimar, wo er im November 1775 eintraf. Die Arbeit am Faustfragment kam während der Weimarer Jahre zwischen 1776 und 1786 zum Erliegen. Berichte gibt es lediglich von Lesungen Goethes aus dem noch in Frankfurt entstandenen bruchstückhaften Drama. In einer Einladung Herders zu einer konspirativ inszenierten Weimarer Faustdarbietung Goethes heißt es: «Morgen am Abend lassen bei uns sich hinter der Kirche/Faustus Teufel zur Lehr böser Verruchter sehn/Oder hören vielmehr; sei auch von der heiligen Anzahl,/ oder willst Du etwa selbst Mephistopheles sein? – Ich bitte aber es weiter niemanden zu sagen, weil der Zauberer (Goethe, Vf.) nur einen kleinen Kreis will» (FA 7/1, 766). In ironischen Worten greift Herder den wunderlichen Ton auf, der von Beginn an den Umgang des Faustautors mit seinem dramatischen Fragment kennzeichnet. Das skurrile Verhalten, das man wohl auch auf den stets peinigend unfertigen Zustand des Textes zurückführen darf und auf die Schwierigkeiten mit der Thematik, sollte Goethe während der folgenden fünfzig Jahre bis zur Vollendung des zweiten Tragödienteils im Sommer 1831 beibehalten.

Die Faustszenen, die Goethe aus Frankfurt mitgebracht und in Weimar vorgelesen hat, sind uns zwar nicht in seinen eigenen Manuskripten überliefert. Eine Fassung dieses bruchstückhaften Dramas ist dennoch erhalten. Angefertigt wurde sie wohl zwischen 1776 und 1777 von der Weimarer Hofdame Louise von Göchhausen. Dieser Text wurde dann Ende des 19. Jahrhunderts im Nachlass der Hofdame entdeckt und unter dem emphatischen Titel «Urfaust» veröffentlicht. Der größte Teil der Szenen jener nur handschriftlich überlieferten «Frühen Fassung» war in die bereits zu Goethes Lebzeiten erscheinenden Faustdrucke übernommen worden. Dies war freilich in einer an vielen Stellen überarbeiteten Version geschehen, die den drastischen Ton der Sturm-und-Drang-Epoche Goethes auf eine gefälligere Stimmlage zurücknahm. Sichtbar wird in solchen Manuskriptbearbeitungen Goethes lebenslanges Unternehmen, den Fausttext nicht nur fort- und zu Ende, sondern stets auch umzuschreiben, die Bedeutung der bereits bestehenden Szenen zu verändern und durch Erweiterungen und Streichungen einzugreifen ins dramatische Gefüge.

III. 1771/1774: Goethes erstes Faustmanuskript (*Frühe Fassung/Urfaust*)

1. Das Drama des Gelehrten

Unruhe im gotischen Zimmer Die frühe Fassung, wie sie von der Weimarer Hofdame aufgeschrieben wurde, setzt mitten in der «Nacht» ein. Neben der Zeitangabe stellt Goethe dem Drama die Bühnenanweisung voran: «In einem hochgewölbten engen gothischen Zimmer. Faust unruhig auf seinem Sessel am Pulten». So wird bereits in den ersten zwei Zeilen des uns in seiner frühen Fassung überlieferten Textes jene in Goethes Augen moderne Gesinnung Fausts – seine Ruhelosigkeit – ausgesprochen, die dann während der folgenden sechzig Jahre über alle Brüche und Hinzufügungen hinweg als zusammenhangstiftender roter Faden des großen Werks sichtbar bleiben wird.

Charakteristisch wird man desgleichen Fausts erste Worte nennen, mit denen in der frühen Fassung das Drama einsetzt: «Hab nun ach die Philosophey/Medizin und Juristerey,/Und leider auch die Theologie/Durchaus studirt mit heisser Müh./ Da steh ich nun ich armer Tohr./Und bin so klug als wie zuvor» [469/355 ff. – die Zitate folgen der Originalorthographie der *Frühen Fassung;* zur Zitierweise siehe unten, S. 127]. Wie ein Nachklang aus «Doctor Fausti Weheklag» am Ende der alten *Historia* ist in Goethes Text das verzweiflungsvolle «Ach» zu vernehmen, das dann als Leitmotiv mehrfach wiederkehrt in dem berühmten Eingangsmonolog. Der mentalitätsgeschichtliche Hintergrund, vor dem Goethes Faust sein deprimierendes «Ach» ausstößt, unterscheidet sich freilich von der historischen Kulisse der *Historia*. Die archaische Höllenangst nämlich treibt den Monologisierenden des gotischen Zimmers nicht mehr um, jedoch die Panik, die ihn ergreift beim Rückblick auf sein eigenes Leben und auf die sinnlose Leere, die sich dabei auftut.

In Goethes Drama nimmt «das verlorene Ich einer glaubenslosen, tief skeptischen Neuzeit» die Gestalt einer Bühnenperson an (Schöne 2017, 210). Wie bereits der Protagonist der *Historia* bricht auch der goethesche Faust radikal mit seiner Herkunft. Er verflucht die akademische Überlieferung und erklärt alle bisherigen Studien sowie sein gesamtes Wissen für wertlos, überreif für «Kehrichtfass» und «Rumpelkammer» [476/582]. Während seines nächtlichen Monologs lässt uns Faust zurückblicken auf eine veritable Bildungskatastrophe, die sich im gotischen Zimmer zugetragen hat: «Heisse Docktor und Professor gar/Und ziehe schon die zehen Jahr/Herauf und herab und queer und krum/Meine Schüler an der Nas herum/Und seh daß wir nichts wissen können,/Das will mir schier das Herz verbrennen» [469/360ff.].

Nie gelang es ihm, einen unmittelbaren Zugriff auf die Gesetze des Daseins zu erlangen, so wie er sich das versprochen hatte, auf dass, so Faust, «ich nicht mehr mit sauren Schweis/Rede von dem was ich nicht weis./Daß ich erkenne was die Welt/Im innersten zusammenhält/Schau alle Würkungskrafft und Samen/Und thu nicht mehr in Worten kramen» [469*f.*/380ff.]. Sicherlich auf den Spuren von Francis Bacons Versprechen an die Neuzeit – «Wissen ist Macht» – hatte Faust von seinen wissenschaftlichen Bemühungen eine gottgleiche Steigerung seiner eigenen Schöpfungsmacht erwartet. Aber stets bleibt er stecken in Wortkram und fühlt sich ausgeschlossen vom «Innersten» der Welt.

Der ganze Bildungsaufwand, Schule, Universitätsstudium, Forschung – alles war vergebens. Faust blickt zurück auf eine groteske Zeitverschwendung: «Bild mir nicht ein was rechts zu wissen/Bild mir nicht ein ich könnt was lehren/Die Menschen zu bessern und zu bekehren,/Auch hab ich weder Gut noch Geld/Noch Ehr und Herrlichkeit der Welt./Es mögt kein Hund so länger leben/Drum hab ich mich der Magie ergeben» [469/371ff.]. Auf das deprimierende Resümee der Bildungsgeschichte folgt die Bankrotterklärung des Wissenschaftlers, er erliegt den Verheißungen der Magie.

Magische Ausbruchsversuche Die magischen Ausbruchsversuche des unglücklichen Gelehrten aus seinem Studierzimmer beflügelten seit jeher die Phantasie der Faustautoren. So beginnt auch in Goethes Text Fausts Rebellion gegen seinen Existenz-«Kerker» [470/398] zunächst als geistiges Selbstentgrenzungsunternehmen. Es soll den Fluchtweg aus seinem düsteren «Mauerloch» weisen, wo er unter «Rauch und Moder» begraben ist [470/416]. Um endlich der «lebenden Natur» [470/414] nahekommen und «hinaus in's weite Land» fliehen zu können, schlägt Faust das «geheimnisvolle Buch/von Nostradamus eigner Hand» auf, «erblickt das Zeichen des Makrokosmus» und erlebt dabei eine Art Wiedergeburt: «Ha welche Wonne fließt in diesem Blick/Auf einmal mir durch alle meine Sinnen./Ich fühle iunges heilges Lebens glück/Fühl neue Glut durch Nerv und Adern rinnen» [471/430ff.]. Dem solchermaßen verjüngten Faust öffnet sich der Blick in eine bislang verborgene Welt, in der sich «die Kräfte der Natur enthüllen» und ihm die enthusiastische Ausdehnung seines Selbstwertgefühls bescheren: «Bin ich ein Gott? mir wird so licht!/Ich schau in diesen reinen Zügen/Die winkende Natur vor meiner Seele liegen» [471/439ff.].

Bei der Darstellung der Selbstentgrenzungsversuche Fausts konnte Goethe auf die Kenntnisse des alchemistischen Schrifttums zurückgreifen, die er sich während seiner – dem Leipziger Zusammenbruch von 1768 folgenden – Frankfurter Rekonvaleszenzzeit im mystisch-pietistischen Umkreis von Susanna Catharina Klettenberg angeeignet hatte. Die Faustkommentatoren haben denn auch keine Mühe gescheut, Verbindungslinien zu rekonstruieren zwischen den im gotischen Zimmer gesprochenen Versen und ihren möglichen neuplatonisch-theosophischen Quellen. Diesseits solcher mitunter höchst spekulativer Quellenkunde liegt Goethes mit Hilfe der Magieanspielungen gestalteter dramatischer Effekt von Fausts euphorischen Aufschwüngen. Sie heben den als «Gott» sich wähnenden Protagonisten erst auf die gewaltige Fallhöhe, aus der er dann im nächsten Moment abstürzt in die deprimierende Einsicht, dass das durch magische Zeichenschau gewährte Schauspiel der vermeintlich unverhüllten Natur eben auch wieder nur eine durch Lektüre erzeugte Suggestion des vom wahren Leben getrennten Bewusstseins ist. Desillusioniert resümiert Faust: «Welch Schauspiel! aber ach ein Schauspiel nur/Wo fass ich dich unendliche Natur!/Euch Brüste wo! Ihr Quellen alles Lebens/An denen Himmel und Erde hängt/Dahin die welke Brust sich drängt./Ihr quellt, ihr tränkt, und schmacht ich so vergebens!» [472/454 ff.].

Sicherlich gehen in die okkultistisch aufgeladene Atmosphäre des gotischen Zimmers vor allem die Motive der alten Faustlegende ein, in der bereits der nervenaufreibende Wechsel von Euphorie und Depression das Gefühlsleben des Ruhelosen ruinierte und ihn auf die Abwege der schwarzen Magie führte. Goethes Faust ist zwar schon zur seriösen «weißen Magie» einer paracelsisch anmutenden Makro- und Mikrokosmoslehre fortgeschritten, ohne allerdings auf diese Weise seinem Ziel näherzukommen, zu erkennen, «was die Welt/Im innersten zusammenhält». Wenn er daraufhin zu einem zweiten Versuch der Bewusstseinserweiterung ansetzt, um nun in der Betrachtung des «Zeichen des Erdgeistes» den erkenntniskritischen Graben zwischen Selbst und Welt zu überspringen, so beschert ihm diese Unternehmung eine noch peinigendere Ohnmachtserfahrung.

Auf Fausts Beschwörung erscheint zwar der Erdgeist, tritt sogar in einen Dialog mit Faust ein, der darüber in Angst und Schrecken fällt. «Da bin ich! Welch erbärmlich Grauen/Fasst Uebermenschen dich! (…) Wo bist du Faust des Stimme mir erklang?» [473/489 ff.]. Statt des Übermenschen, so höhnt der Geist, zeige sich ihm in Fausts Gestalt nur «ein furchtsam weggekrümmter Wurm» [473/499]. Für einen Moment vermag Faust der Erscheinung standzuhalten, «Ich bin's, bin Faust, bin deines gleichen», und glaubt, endlich unmittelbar beteiligt zu sein am Lebensprozess im «innersten» der Welt, wie er in den Versen des Erdgeistes evoziert wird: «In Lebensfluthen im Thatensturm/Wall ich auf und ab/Webe hin und her (...) So schaff ich am sausenden Webstul der Zeit/Und würke der Gottheit lebendiges Kleid» [473 *f.*/501 ff.]. In die Selbstpräsentation des Erdgeistes stimmt Faust sogleich enthusiastisch ein, als sei es die angemessene Beschreibung seines nunmehr zu schrankenloser Welterkenntnis erweiterten Bewusstseins: «Der du die weite Welt umschweiffst/Geschäftger Geist wie nah fühl ich mich dir» [474/510f.].

Im nächsten Moment wiederholt sich allerdings Fausts tiefer Fall, da der Erdgeist den erkenntniskritischen Graben zwischen Selbst und Welt abermals aufreißt und Fausts Gefühl, er sei dem Erdgeist nahe, als schiere Einbildung abtut: «Du gleichst dem Geist den du begreiffst,/Nicht mir!» lautet der desillusionierende Befund. Fausts verzweiflungsvolle Ausrufe «Nicht dir!/Wem denn?/Ich Ebenbild der Gottheit!/Und nicht ein mal dir!» [474/512ff.] verhallen unbeantwortet. In diesem Augenblick der größten Erniedrigung Fausts klopft sein Famulus Wagner «im Schlafrock und der Nachtmütze, eine Lampe in der Hand» an die Tür und gibt dem Drama eine tragikomische Wendung.

Akademische Tragikomödie Mit Fausts Worten «O Todt! ich kenns das ist mein Famulus./Nun werd ich tiefer tief zu nichte» [474/518f.] beginnt das Gespräch zwischen ironischem Lehrer und naivem Schüler, das Goethe – zweifellos im Rückblick auf seine eigenen Leipziger und Straßburger Studienerfahrungen – als Satire auf den Universitätsbetrieb in Szene setzt (Košenina, 226ff.). In Gestalt des Famulus betritt eine Karikatur des jugendlichen Wissenschaftlers die Bühne. An der Tür seines Lehrers lauschend, verwechselt er Fausts verzweiflungsvolle Anrufungen des Erdgeistes mit Deklamationsübungen klassischer Texte. «Verzeiht!», so dringt er auf den «sich unwillig» umwendenden Faust ein, «ich hört euch deklamieren!/Ihr last gewiß ein griechisch Trauerspiel/In dieser Kunst mögt ich was profitiren/Denn heutzutage würkt das viel» [474/522ff.]. Wie Hohn und Spott müssen solche Phrasen in den Ohren Fausts klingen, den doch soeben die deprimierende Wirkungslosigkeit seiner Profession in die Magie getrieben hatte.

Die altklugen Sentenzen des Famulus – «Allein der Vortrag nüzt dem Redner viel» – wischt Faust mit dem uns bereits bekannten erkenntniskritischen Schauspielargument beiseite: «Was Vortrag! der ist gut im Puppenspiel/Mein Herr Magister hab er Krafft!» [475/546]. Gerade an jener Kraft jedoch, die ins richtige Leben und in die Praxis führen würde, gebricht es dem «trokne[n] Schwärmer» Wagner [474/521]. Reduziert auf seinen weltlosen Geist, fehlt ihm das einzig produktive Organ, das eine wahrhaftige Verbindung zwischen Selbst und Welt, Redner und Publikum stiften könnte: «Doch werdet ihr nie Herz zu Herzen schaffen,/Wenn es euch nicht von Herzen geht» [475/544f.].

Herz, Seele und Kraft, so lauten die Stichwörter, die Fausts Rede als Zeugnis der Sturm-und-Drang-Zeit ausweisen und – in dieser frühen Textfassung! – Faust kenntlich machen als Identifikationsfigur des jungen Goethe. «Der Faust entstand mit meinem Werther», heißt es viel später in Goethes Gesprächen mit Eckermann im Rückblick auf das Jahr 1774 (MA 19, 282). Der Gleichzeitigkeit der Textentstehung entspricht die Gleichsinnigkeit von Werthers und Fausts radikaler Kritik an Gelehrsamkeitstradition und kultureller Konvention – im Namen des Herzens! Aufreizend unberührt von der rebellischen Stimmung der jungen Generation – und dadurch erst recht Faust enervierend –, sagt Wagner die Spruchweisheiten der überkommenen Bildung auf: «Ach Gott die Kunst ist lang/Und kurz ist unser Leben!/(...)/Wie schwer sind nicht die Mittel zu erwerben,/Durch die man zu den Quellen steigt,/Und eh man nur den halben Weeg erreicht,/Muß wohl ein armer Teufel sterben» [476/558ff.].

Ob er denn wirklich glaube, entgegnet Faust fassungslos Wagner, dass Buchpapier «der heilge Bronnen» sei, «woraus ein Trunk den Durst (nach Erkenntnis, Vf.) auf ewig stillt», um dann selbst zu antworten: «Erquikung hast du nicht gewonnen/Wenn sie dir nicht aus eigner Seele quillt» [476/566ff.]. Die «Seele» ist freilich ein Erkenntnisorgan, mit dem der wissenschaftsgläubige Famulus nichts anfangen kann. Er blickt denn lieber schon einmal frohgemut auf die intellektuellen Freuden langwieriger Textexegese und des dadurch vermittelten Fortschrittsbewusstseins voraus: «Verzeiht es ist ein gros Ergözzen/Sich in den Geist der Zeiten zu versezzen./Zu schauen wie vor uns ein weiser Mann gedacht,/Und wie wirs dann zuletzt so herrlich weit gebracht» [476/570ff.].

Faust negiert sowohl Wagners Wissenschafts- wie auch dessen Fortschrittsglauben. Hinter der rigorosen Skepsis steht die trostlose Botschaft des Erdgeistes – «Du gleichst dem Geist den du begreifst,/Nicht mir!» –, die Faust nun in einer auf das historische Studium bezogenen Fassung an seinen Schüler weitergibt: «Mein Freund die Zeiten der Vergangenheit/Sind uns ein Buch mit sieben Siegeln./Was ihr den Geist der Zeiten heisst/Das ist im Grund der Herren eigner Geist,/In dem die Zeiten sich bespiegeln» [476/575ff.]. Als Büchergelehrter benehme sich Wagner, so das die nächtliche Unterhaltung beschließende bittere Resümee Fausts – das natürlich für seine eigene zurückliegende akademische Existenz desgleichen gilt –, wie ein Narr, der «immer fort an schaalen Zeuge klebt,/Mit gierger Hand nach Schätzen gräbt,/Und froh ist wenn er Regenwürmer findet» [477/603ff.].

Mephistopheles In den folgenden beiden Szenen nimmt Goethes Satire der Schulwissenschaft zunehmend groteske Züge an. Zunächst betritt «Mephistopheles im Schlafrock eine grose Perrücke auf» die Bühne und führt sarkastisch die Beratung eines gleichfalls im Szenenbild erscheinenden Studienanfängers vor *[477]*. In der frühen Textfassung kommt Mephistopheles (künftig abgekürzt Mephisto) an dieser Stelle ohne jede Einführung ins Spiel. Als komödienhafte Figur erinnert er vorerst noch an die Hanswurstspiele des Puppen- und Straßentheaters.

Die slapstickhafte Szene zwischen Mephisto und dem Studenten variiert im komischen und mitunter obszönen Tonfall die Kritik der traditionellen Gelehrsamkeit. Im Kostüm des beratenden Professors macht sich Mephisto über den ahnungslosen Studienanfänger lustig. Wenn Mephisto zum Abschluss der Studienberatung die Genesisverse «ihr werdet sein wie Gott» ins Stammbuch des Studenten einträgt und hinzufügt, «Dir wird gewiss einmal bey deiner Gottähnlichkeit bange» [484/2050], so verhöhnt er zwar einmal mehr den angehenden Wissenschaftler. Und doch lässt er in diesem Moment einen vermeintlich befreienden Ausweg aus der Kunst und Leben zerreißenden Tragödie des menschlichen Geistes aufscheinen: «Sein wie Gott», und zwar in der Realität, das wäre für die frustrierten «Übermenschen» eine unwiderstehliche Verlockung, wenn sie denn endlich auch den Zugriff auf die Mittel der ersehnten Selbstverwirklichung erhielten.

Die frühe Fassung des goetheschen Textes enthält indessen noch keine explizite Verhandlung, in der Mephisto dem unglücklichen Faust ein Angebot zur Überwindung der «allgemeinen Erdeschranken» machen könnte. So unvermittelt Mephisto auf der Bühne mit dem Studenten erscheint, ebenso unvorbereitet folgt auch in der nächsten Szene sein erster gemeinsamer Auftritt mit Faust in «Auerbachs Keller in Leipzig», wo die beiden in ein studentisches Zechgelage geraten. In der alkoholisierten Atmosphäre tragen sie durch einen bereits zum Repertoire der alten Faustlegende gehörenden magischen Weinzauber zur wahnhaften Verwirrung der Sinne bei. Bevor schließlich das trunkene Treiben vom grölenden Gesang – «Uns ist gar kannibalisch wohl/Als wie fünfhundert Säuen» [491/2293 f.] – in eine allgemeine Schlägerei übergeht, verlassen Faust und Mephisto die Männerwelt, stehen im nächsten Moment auf einer «Land Strase», ehe schließlich die Bühnenanweisung «Faust, Margarethe vorübergehend» einen abrupten Szenenwechsel ankündigt *[493]*.

2. Die Tragödie Margaretes

«Kindermörderinnen» im Sturm und Drang In den nun folgenden Textpartien kommt Goethes eigenständige und – hinsichtlich der Rezeptionsgeschichte – wirkungsträchtigste Ergänzung der alten Fausterzählung in den Blick: die Tragödie Margaretes (in der Schreibung der *Frühen Fassung* u.a. auch Margarethe,

Margrethe, Margrete). Es handelt sich dabei um die wohl ältesten Passagen des goetheschen Fausttexts. Über die darin einfließenden Erfahrungen, die Goethe als junger Dichter und als ein zugleich beim Frankfurter Schöffengericht zugelassener Rechtsanwalt sammelte, heißt es in *Dichtung und Wahrheit* im Rückblick auf die Jahre 1771 und 1772: «es fehlte in der bürgerlichen Ruhe und Sicherheit nicht an gräßlichen Auftritten. (...) bald setzte ein entdecktes großes Verbrechen, dessen Untersuchung und Bestrafung die Stadt auf viele Wochen in Unruhe. Wir mußten Zeugen von verschiedenen Exekutionen sein» (MA 16, 164).

Zu den besonders «gräßlichen Auftritten», dessen Zeuge Goethe in seiner Heimatstadt wurde, zählten die Hinrichtungen der «Kindsmörderinnen» Anna Maria Frölich (1758) und Susanna Margaretha Brandt (1772). Vor allem der Fall der Letzteren war Goethe in allen Einzelheiten bekannt. In seinem Elternhaus befanden sich Abschriften der Protokolle des Gerichtsverfahrens gegen die ledige Dienstmagd, die ihr Kind nach der Geburt getötet hatte, zunächst aus Frankfurt geflohen war, als besitzlose unverheiratete Frau freilich bald in die Stadt zurückkehren musste, wo man sie am Stadttor verhaftete und in das in der Nachbarschaft von Goethes Elternhaus gelegene Gefängnis brachte. Im Januar 1772 wurde die 25-jährige Frau wegen «Kindsmord» zum Tode verurteilt und auf dem Schafott vor der Frankfurter Hauptwache enthauptet.

Die Kindsmordproblematik gehört zu den Streitfragen der Epoche nicht nur unter Rechtsgelehrten, sondern auch in den philosophischen und literarischen Diskussionen der Zeitgenossen. Goethe behandelte das Thema bereits in seinen 56 Thesen, die er für eine Promotion zum Lizentiaten der Rechtswissenschaft im Sommer 1771 bei der Straßburger Fakultät eingereicht hat. Zwar statuiert Goethes 53. These: «Die Todesstrafen sind nicht abzuschaffen», doch relativierend heißt es dann in der 55. These: «Ob eine Frau, die ein soeben geborenes Kind umbringt, der Todesstrafe zu unterwerfen sei, ist eine Streitfrage der Doktoren» und, wie sich hinzufügen lässt, ein seinerzeit brisantes Thema, nachdem die überlieferte Rechtsordnung den

Richtern bis zu diesem Zeitpunkt nur im Hinblick auf die Hinrichtungsart einen Entscheidungsspielraum gewährt hatte (MA 1.2, 914ff.). Die Enthauptung der Delinquentinnen mochte den Zeitgenossen noch als «mildere» Strafe erscheinen angesichts der anderen Hinrichtungsmethoden, die für diesen Fall vorgesehen waren: «lebendig begraben, hängen, rädern, verbrennen, ertränken, säcken» (MA 1.2, 916).

Man wird Margaretes Tragödie als Goethes nachgereichte dramatisierte Erörterung seiner Disputationsthese ansehen können. Dieser Seitenwechsel von der Rechtswissenschaft zur Literatur erfolgt im Geiste der Sturm-und-Drang-Bewegung, an der Goethe insbesondere während seiner Straßburger Zeit beteiligt war. Im dortigen Kreis der neuen Literaturpartei, dem neben Herder und Goethe auch Reinhold Michael Lenz und Heinrich Leopold Wagner angehörten, hatte man die «Kindsmord»-Problematik in doppelter Stoßrichtung aufgegriffen, sowohl in der gesellschaftskritischen Argumentation gegen die kodifizierten Rechtsnormen wie auch in der neuen antiklassizistischen Ästhetik. In keinem zweiten deutschen Text des 18. Jahrhunderts jedoch bricht der neue Realismus mit einer solchen Wucht in die herkömmliche Ästhetik der Literatur ein wie in der frühen Fassung von Goethes *Faust*.

Offenes Kunstwerk: Fausts Drama und Margaretes Trauerspiel

Allerdings gibt es zu diesem Zeitpunkt immer noch keine ausgeführte Verbindung zwischen der ideengeschichtlich inspirierten Tragödie des frustrierten Gelehrten Faust und dem konkreten Trauerspiel der «Kindsmörderin» Margarete. Auch nimmt Margaretes Schicksal in der frühen Textfassung einen wesentlich breiteren Raum ein als die Partien, die Faust und seinen erkenntniskritischen Problemen gewidmet sind. Und selbst noch in den späteren Druckversionen führen das Gelehrtendrama und die Tragödie Margaretes ein Eigenleben, das sich den herkömmlichen Vorstellungen eines «Werkganzen» entzieht.

Als thematischen roten Faden des bruchstückhaften Dramas wird man immerhin das Leitmotiv des Ausbruchs aus den «Erdeschranken» ansehen können. Nachdem im gotischen Zimmer die Versuche der magischen Grenzüberschreitungen erfolglos geblieben sind und Faust erst gemeinsam mit Mephisto sein enges «Mauerloch» verlassen konnte, führt der Weg zunächst in die alle Symptome des aggressionsfördernden Triebstaus zur Schau stellende Männerwelt von «Auerbachs Keller», ehe unter solch unheilschwangeren Vorzeichen im nächsten Moment das Drama Margaretes anhebt. Das handelt dann gleichfalls von einer Überschreitung bislang unüberwindlicher Grenzen. In Margaretes Fall sind es freilich nicht die «allgemeinen Erdeschranken», sondern solche familiären und moralisch sowie religiös begründeten Beschränkungen, die in der zweiten Hälfte des 18. Jahrhunderts dem Verlangen einer jungen Frau nach Selbstbestimmung auferlegt waren.

Gemeinschaft und Gesellschaft Mit Goethes Ergänzung der überlieferten Faustgeschichte um die eminente Frauenfigur ist eine Umkehrung der dieser Tradition ursprünglich eingeschriebenen moraltheologischen Konzeption verbunden. Denn Goethe lässt nun gerade seine Kritik an der kirchlichen Orthodoxie in die Tragödie Margaretes eingehen. Auch sie statuiert, wie schon die alte Faustgeschichte, ein «schreckliches Beyspiel», allerdings nicht mehr, um vor den «fürwitzigen und gottlosen Menschen», sondern viel eher vor dem Zwangsregiment bigott gewordener antiquierter Familien- und Gemeinschaftsstrukturen zu warnen.

Im realistischen Stil der Sturm-und-Drang-Ästhetik schreibt Goethe in den Margarete-Partien des Fausttexts ein sozialgeschichtlich motiviertes Drama. Sein tragisches Potential bezieht es aus den Spannungen zwischen einer archaischen «Gemeinschaft» und der am Vorabend der Französischen Revolution sich formierenden modernen «Gesellschaft», um mit Ferdinand Tönnies zu sprechen. Es ist das charakteristische Kennzeichen der «Gemeinschaften» – damals wie heute –, dass man sich ihren strengen familiären, hierarchischen und moralischen sowie religiös überhöhten Bindungen nicht entziehen kann, es sei denn unter Gefahr einer Zerstörung der eigenen Persönlichkeit, wie es das Beispiel Margaretes deutlich werden lässt. Man tritt in das vorgeblich natur- oder gar gottgegebene Gemeinschafts-«Wesen» nicht aufgrund einer Willensentscheidung ein – man wird hineingeboren –, so wenig sich dessen sakrosankte Bindungen durch einen individuellen Austrittswunsch einfach auflösen lassen. Von solch scheinbar wesenhaften Bestimmungen hebt sich die moderne Gesellschaft zwar als ein auf profanen materiellen, gleichsam ausgehandelten Interessen beruhendes Kollektiv ab, das freilich im Laufe der Geschichte desgleichen zu einem den individuellen Lebensvollzug knebelnden Zwangsregime depravieren kann. Diese große Ernüchterung der Moderne wird Goethe dann sechzig Jahre später in den zuletzt geschriebenen Faustpassagen in Szene setzen.

«Schönes Fräulein», «unschuldig Ding» Wenn Faust, der doch in Wahrheit ein Agent des Umbruchs der Moderne ist, Margarete bei der ersten Begegnung ein Kompliment im Rokokostil des Ancien Régime macht, wird man seine Anrede als erste mephistophelische List in dem hier beginnenden Trauerspiel ansehen. Faust auf der Straße, unvermittelt an sie herantretend und nach ihr greifend: «Mein schönes Fräulein darf ichs wagen/Mein Arm und Geleit ihr anzutragen./Margarethe./Bin weder Fräulein weder schön/Kann ohngeleit nach Hause gehn./:sie macht sich los und ab:/» [493/2605 ff.]. Obgleich Margarete Fausts Avancen sofort zurückweist, wirkt doch das darin liegende Versprechen verlockend weiter. Im «kleinen reinlichen Zimmer» abends allein, «ihre Zöpfe flechtend und aufbindend», hören wir sie die sehnsuchtsvollen Worte sprechen: «Ich gäb was drum wenn ich nur wüsst/Wer heut der Herr gewesen ist./Er sah gewiss recht wacker aus/Und ist aus einem edlen Haus/Das konnt ich ihn an der Stirne lesen./Er wär auch sonst nicht so keck gewesen» [496/2678 ff.]. Drastisch kommt das der Keckheit des Herrn zugrundeliegende Motiv in seinen Dialogen mit Mephisto zu Wort. Faust: «Hör du must mir die Dirne schaffen.» Weil aber die «Dirne» in einer religiös gebundenen Kultur lebt, in der der Sexus nicht frei verfügbar ist, droht die Aussicht auf Triebstau. «Keine Gewalt», so teilt Mephisto bedauernd mit, habe er über das «unschuldig Ding/Das eben für nichts zur

Beichte ging», und als solches dem ungeduldigen Zugriff Fausts entzogen zu sein scheint [494/2619 ff.]. Dessen Verlangen, so Mephistos Kalkül, wird freilich ob solcher Tabuisierung von Margaretes Körper erst recht angefacht: Faust zu Mephisto: «Und das sag ich ihm kurz und gut/Wenn nicht das süse iunge Blut/Heut Nacht in meinen Armen ruht,/So sind wir um Mitternacht geschieden» [495/2635 ff.].

Um Faust die Wege zu Margarete zu verkürzen und ihm zur umstandslosen Triebbefriedigung zu verhelfen, nimmt Mephisto erstmals im tragischen Handlungsgang jene Rolle eines Herrn der «Mittel» an (Michelsen, 148), in der er den nach dem Unbedingten strebenden Faust an sich fesseln wird. In dieser Mittlerrolle führt er Faust heimlich in Margaretes «reinliches Zimmer» ein. Faust, der hier das ihm ganz fremde «Gefühl der Stille,/Der Ordnung, der Zufriedenheit» verspürt, dann vom «Wonnegraus» beim Anblick von Margaretes Bett erfasst wird [497/2691 f., 2710], schließlich grüblerisch zu sich spricht: «Was willst du hie? Was wird das Herz dir schweer?/Armseelger Faust ich kenne dich nicht mehr», und beschämt umkehren will [498/2719 f.], erhält just in diesem Moment des Zweifels aus Mephistos Hand ein mit Schmuck gefülltes «Kästgen», das er in Margaretes Schrank stellen soll. Auf Fausts schüchterne Frage – «Ich weis nicht soll ich?» – antwortet Mephisto scheinbar verärgert und zugleich doppelsinnig auf die Unberührtheit von Margaretes Körper und des «Kästgens» bezogen: «Meynt ihr vielleicht den Schaz zu wahren/Dann rath ich eurer Lüsternheit/Die liebe schöne Tages Zeit/Und mir die weitre Müh zu spaaren» [498/2738 ff.]. Daraufhin stellt Mephisto das «Kästgen» kurzerhand selbst in Margaretes «Schrein», Faust zuflüsternd: «Um euch das süse iunge Kind/Nach eurem Herzens Will zu wenden» [499/2746 f.].

Materialismus Die Umwendung Margaretes erfolgt im nächsten Moment, da sie in die veränderte Atmosphäre ihres Zimmers eintritt: «Es ist so schwül und dumpfig hie/(...)/Es wird mir so! Ich weis nicht wie./Ich wollt die Mutter käm nach Haus,/Mir läufft ein Schauer am ganzen Leib/Bin doch ein törig furchtsam Weib» [499/2753 ff.]. Die Bühnenanweisungen für die Szene benennen dann die Stufen der hier einsetzenden Verwandlung ihrer Persönlichkeit: «sie fängt an zu singen indem sie sich auszieht» – ihr Gesang imaginiert die unverbrüchliche Liebe zwischen dem «König in Thule» und «seiner Buhle» sowie das Symbol dieser Treue, den goldenen Becher, der symbolischen Bedeutung des mephistophelischen Schmuckkastens genau entgegengesetzt [499/2759 ff.] –, «sie eröffnet den Schrein ihre Kleider einzuräumen, und erblickt das Schmuckkästgen», «sie putzt sich damit auf und tritt vor den Spiegel» [500/2795 f.]. Vor dem Spiegel steht am Ende der Szene nicht mehr das «törig furchtsam Weib», sondern eine junge Frau, die sich in dieser Selbstreflexion als eine andere entdeckt hat und die sich nach ihrer neuen Selbsterfahrung konsequent über die Familien- und Kirchenregeln ihrer Gemeinschaft hinwegsetzen wird.

Dem Emanzipationsdrang Margaretes stellen sich freilich sogleich die Repräsentanten der «Gemeinschaft» – ihre Mutter und ein «Pfaffe» – in den Weg und kassieren das ominöse «Kästgen» wieder ein. Nachdem Mephisto – nun immer offensichtlicher als Herr der Mittel agierend – ein zweites «Kästgen» in Margaretes Zimmer deponiert hat, begibt er sich zum Haus der Nachbarin Marthe. Dort klopft er just in dem Augenblick an die Tür, da Margarete unter Frau Marthes aufmunterndem Zuspruch abermals den Schmuck angelegt hat und vor dem Spiegel steht. An dieser Maskerade des gesellschaftlichen Aufstiegs wirkt Mephisto sogleich mit und weicht in aufgesetzter Devotheit vor dem «gar vornehmen» Besuch Frau Marthes zurück [504/2902]. In der Aufmachung eines «Fräuleins» stellt Margarete schüchtern klar: «Ich bin ein armes iunges Blut,/Ach Gott, der Herr ist gar zu gut./Der Schmuck und Schmeid Herr ist nicht mein!» [505/2907 ff.]. Nach dieser Begrüßung, in der die Versuchung Margaretes und ihre Erniedrigung wohlkalkuliert verbunden sind, wartet Mephisto mit der frei erfundenen Geschichte des Todes von Marthes – längst entlaufenem – Ehemann im fernen Ausland auf, den er zwar nicht mit einem Totenschein dokumentieren könne, den er aber belegen werde durch die Aussage eines zweiten Zeugen – «Ein braver Knab, ist viel gereist/Fräuleins alle Höflichkeit erweist.» Auf diese Weise ist Faust – der «brave Knab» – eingeführt, und zugleich hat Mephisto das Beschämung und Versprechen kombinierende Spiel mit Margarete weitergetrieben. Sie reagiert denn auch entsprechend: «Müst vor solch Herren schamroth werden» [509/3019 ff.]. Für den Abend wird die Zusammenkunft der beiden Frauen mit Mephisto und seinem Begleiter im Garten hinter Frau Marthes Haus verabredet.

Bei der Vorbereitung des Stelldicheins nimmt Mephisto die anfängliche Weigerung Fausts, «falsch Zeugniss» für den Tod Herrn Schwerdleins abzulegen, und seine Empörung über solche «Lügner»-Methoden [510/3042 ff.] zum Anlass für eine kleine Einführung in den zeitgenössischen Materialismus, um dann im Horizont dieser Lehre Fausts Neigung zu Margarete zu reduzieren auf das Begehren ihres Körpers. Allein das körperliche Sein bestimmt das Bewusstsein, so will es der Materialismus, der sich am Vorabend der europäischen Revolutionsepoche (bei Lamettrie und Holbach insbesondere) als ein Prinzip der Moderne ausbildet (Schmidt, 41; 123 f.). Von dieser Position der radikalen Aufklärung fällt der Vorwurf der Lüge zurück auf den Idealismus im Allgemeinen und auf Fausts Liebesschwüre Margarete gegenüber im Besonderen. Faust, so Mephistos Argumentation, werde nämlich seinerseits als «Lügner» dem «armen Gretchen» gleich «in allen Ehren» die über den (Körper-)Genuss hinausgehende vergeistigte «Seelenlieb» schwören – «Und zwar von Herzen» –, indessen er doch gerade mit diesem Schwur «falsch Zeugniss» ablege nicht anders als bei der Beglaubigung von Herrn Schwerdleins Tod [510 f./3052 ff.].

Margaretes Unruhe Während Mephisto sich in der folgenden Gartenszene den unmissverständlichen Werbungen Marthes zu entziehen sucht, tauschen Margarete und Faust Liebesbekenntnisse aus. Im «Gartenhäusgen» finden die beiden endlich eine gemeinsame Sprache. Für einen Glücksmoment sind sie dort von schamhafter Befangenheit und äußerlicher Galanterie frei, ehe Mephisto einbricht in die bekannteste Liebesszene der deutschen Literatur: «Margrete mit Herz klopfen herrein steckt sich hinter die Thüre, hällt die Fingerspizze an die Lippen und guckt durch die Ritze./Er kommt!/Faust./Ach Schelm so neckst du mich!/Treff ich dich!/:er küsst sie:/Margr. ihn fassend und den Kuss zurückgebend:/Bester Mann schon lange lieb ich dich./Meph: klopft an:/Faust stampfend:/Wer da!/Meph:/Gut Freund./Faust./Ein Tier!/Meph:/ Es ist wohl Zeit zu scheiden» [517/3204 ff.]. In Fausts Ausruf «Ein Tier!» klingt die Angst vor Mephistos Drohung an, alle Liebebezeugungen zu reduzieren auf das – sehr endliche – körperliche Begehren. Diese Abwehr des mephistophelischen Materialismus begleitet Fausts Werben um Margarete von Beginn an. Deutlich ist sie aus seiner beschwörenden Antwort auf Margaretes Blumenspiel – «Liebt mich – Nicht – Liebt mich – Nicht –/: das lezte Blat ausrupfend mit holder Freude:/Er liebt mich» – herauszuhören: Das Blumenwort «Er liebt mich!», so Fausts inständige Bitte, möge sie als «Götter Auspruch» auffassen, sich dieser Liebe «hinzugeben ganz und eine Wonne/Zu fühlen die ewig seyn muss!/Ewig! – Ihr Ende würde Verzweiflung seyn./Nein kein Ende! Kein Ende!» [516/3183 ff.].

Einen drastischen Ausdruck gewinnt dann der Tumult der Gefühle, in den Margarete durch die Hingabe an die Liebe zu Faust gerät, in ihrem zweiten Lied, das sie wieder allein in ihrem Zimmer beim Spinnen anstimmt. Jetzt entlädt sich der innere Konflikt zwischen dem steten Gleichmaß ihrer bisherigen Existenz und der Entdeckung ihrer Sexualität sowie ihrer Liebe zu Faust in einem ekstatisch hervorbrechenden Verlangen: «Mein Schoos! Gott! drängt/Sich nach ihm hin/Ach dürft ich fassen/Und halten ihn/Und küssen ihn/So wie ich wollt/An seinen Küssen/Vergehen sollt» [519/3406 ff.].

Gretchenfragen Nach den berühmtesten Liebesbekenntnissen der deutschen Literatur folgt deren prominentestes Gespräch über Religion. Unvermittelt führt Margarete das Thema ein – zum Verdruss Fausts: «Sag mir doch Heinrich!/Faust/Was ist dann/Gretgen/Wie hast du's mit der Religion? (...)/Faust/Lass das mein Kind, du fühlst ich bin dir gut» [520/3414 ff.]. Margarete insistiert indessen auf der Frage nach der Religion, die sie offenbar als ein Sicherheitsversprechen begreift, das der im Sturm der Affekte gefährdeten Persönlichkeit Stabilität verheißt. Wenn sich schon in der Bewusstseinsrevolution, die Faust und Mephisto in Margaretes kleiner Welt entfesseln, die überlieferten Bindungen auflösen, so will Margarete Faust auf etwas Unverletzliches oder gar Heiliges verpflichten, das außerhalb des verlockenden Gefühls- und Sinnenrausches liegt. Implizit sind Margaretes Fragen auf Mephistos materialistische Umwertung der Werte bezogen, da sie an einem Erfahrungsbereich festhalten, der die Körperwelt transzendiert. Mephisto ist also in Margaretes Suche nach einem Haltepunkt in dem ihr bevorstehenden Abenteuer desgleichen gegenwärtig, sogar realiter als Lauscher, wie es sich am Ende der Szene herausstellt.

Man kann das berühmte sogenannte Credo Fausts, das auf Margaretes konkretisierte Religionsfrage «Glaubst du an Gott?» [520/3426] antwortet, als Ausdruck des Sturm-und-Drang-typischen Pantheismus ansehen, dem der seit Straßburger Studienzeiten kirchenkritische Faustautor selbst anhing. Im Horizont einer allgemeinen Ehrfurcht vor dem Kosmos tritt «Der Allumfasser/Der Allerhalter», wie es Faust hymnisch ausführt, in allen Natur- und Lebensphänomenen in Erscheinung: «Wölbt sich der Himmel nicht dadroben/Liegt die Erde nicht hierunten fest/Und steigen hüben und drüben/Ewige Sterne nicht herauf!/Schau ich nicht Aug in Auge dir!/(...)/Und wenn du ganz in dem Gefühle seelig bist,/Nenn das dann wie du willst,/Nenns Glük! Herz! Liebe! Gott!/Ich habe keinen Nahmen/Dafür» [521/3438 ff.]. Fausts Hymne an die freie Religion setzt sich nicht nur von der Autorität des orthodoxen Credos ab, sondern sie sperrt sich gegen jegliche objektivierbare Norm einer Glaubens- und Sittenlehre. Das genialische Individuum findet das absolute Kriterium in seinem eigenen Gefühl. Fausts prominente Formulierung dieser Revolte des epochentypischen Subjektivismus gegen die Orthodoxie lautet: «Gefühl ist alles/Nahme Schall und Rauch» [521/3456 f.].

Zunächst überwältigt durch das Gefühlspathos – «Ohngefähr sagt das der Cathechismus auch/Nur mit ein bisgen andern Worten» [521/34601 f.] –, hört Margarete sehr wohl das in

Fausts Pantheismus mitklingende Plädoyer für die freie Liebe, darin er die in jeder Rede von Gebot, Sakrament und Katechismus ausgesprochene Bindungsdrohung durch den Schwall der Gefühle zu übertönen sucht. Sieht man einmal von den ihm lästigen Treueverpflichtungen ab, auf die er sich ohnehin mit keinem Wort einlässt, geht der vornehme Mann Faust unter den Bedingungen des 18. Jahrhunderts in der Liaison mit dem einfachen Bürgermädchen Margarete keinerlei gesellschaftliches Risiko ein. Hingegen verlangt dieselbe uneheliche Verbindung – in der Perspektive der Gemeinschaft, der sie angehört – von Margarete den Einsatz ihres gesamten «Kapitals» in der konkreten Gestalt ihres Körpers. Im Bewusstsein dieses Wagnisses stellt sie Fausts enthusiastisches Liebesversprechen auf die Probe und fragt nach der materialistischen Seite des alleinseligmachenden Gefühls und mithin nach Mephistos Rolle in der Liebesgeschichte.

Sexuelle Revolution So entspinnt sich in Rede und Gegenrede das Spiegelbild des Religionsgesprächs, nun angetrieben von Margaretes Variationen über die bohrende Frage ‹Wie hast du's mit Mephisto?› Beschwichtigend weicht Faust zunächst aus: «Gretgen/Der Mensch den du da bey dir hast/Ist mir in tiefer innrer Seel verhasst (...)/Faust/Liebe Puppe fürcht ihn nicht./ Gretgen./ (...) Aber wie ich mich sehne dich zu schauen/Hab ich vor den Menschen ein heimlich Grauen. (...)/Faust./Es ist ein Kautz wie's mehr noch geben./Gretgen./(...) Es steht ihn an der Stirn geschrieben/Dass er nicht mag eine Seele lieben. (...)/ Faust./Du ahndungsvoller Engel du./Gretgen/(...) wo er mag zu uns treten,/Meyn ich so gar ich liebte dich nicht mehr. (...) Faust/Du hast nun die Antipathie!» [522 f./3472 ff.]. Nur in Verbindung mit dem «verhassten Menschen» ist die Liebe zu Faust zu haben. Der nämlich kann sich von seinem Schattenmann gar nicht lossagen, denn ohne den Herrn der Mittel würden er und Margarete nicht zusammenkommen, weshalb ihr Faust schließlich ein Fläschchen aus Mephistos Arsenal übergibt, das er schon während seiner großen Hymne auf die Religion der Gefühlsseligkeit bei sich trug: «drey Tropfen nur», verabreicht in den Abendtrunk von Margaretes Mutter, «umhüllen/ In tiefen Schlaf gefällig die Natur» jener letzten häuslichen Instanz des Körpertabus, so dass endlich der «Riegel» zu Margaretes Kammer geöffnet werden kann und der gemeinsamen Nacht mit Faust nichts mehr im Wege steht [523/3506ff.].

So wird auch Margaretes Drama zu einem Ausdruck des Mythos der Moderne, da sie sich in diesem Moment vorsätzlich von ihrer Herkunft und allem, was ihr bislang lieb und teuer war, trennt zugunsten eines für sie völlig neuen Existenzerlebnisses. Darin zeigt sich einmal mehr der rote Faden des goetheschen Fausttexts: der Ausbruch des modernen Individuums aus den überlieferten «Erdeschranken». Abweichend jedoch von Fausts Geschichte teilt Margarete nicht jene «moderne Gesinnung», die den ungeduldigen Mann «den Genuß der schönsten Güter für unzulänglich» erachten lässt und ihn unfähig macht, Befriedigung seiner Wünsche «auch nur im mindesten» zu erlangen. Umso drastischer wird Margarete dann allerdings von der widersprüchlichen Erfahrung der Modernität erfasst, von der berauschenden Erregung der Emanzipation und zugleich von der Angst vor einer Welt, in der sich alles Feste («Ständische und Stehende») auflöst, eine paradoxe Erfahrung, die die verzweifelte Sehnsucht weckt, sich in dem großen Mahlstrom an etwas Realem – an einem anderen Menschen – festhalten zu können.

Den Übergang ins moderne Leben vollzieht Margarete in bemerkenswert resignativen Worten, wenn sie Faust die Verabreichung des Schlaftrunks an die Mutter und die gemeinsame Nacht zusagt: «Weis nicht was mich nach deinem Willen treibt,/ Ich habe schon für dich so viel gethan,/Dass mir zu thun fast nichts mehr überbleibt» [524/3518ff.]. Es folgt als letzter Schritt, der noch zu tun übrigbleibt, die sexuelle Revolution, die die Brücken zu Margaretes Herkommen definitiv abbrechen wird. Das geschieht abermals mit Mephistos Hilfe. Aber dessen Mitwirkung an der großen Befreiung hat ihren Preis: Sie macht aus Margaretes Drama eine Tragödie, die das Opfer – das Opferblut zuletzt – erheischt. Dass jener Mensch, der nicht «eine Seele lieben» kann, dann auch noch bei der intimsten Szene anwesend sein wird, macht der nächste Moment deutlich. Da tritt Mephisto nach Margaretes Abgang aus der Lauscherposition hervor und behält in lüsterner Vorfreude auf das Kommende das letzte Wort: «Nun heute Nacht –?/Faust. Was geht dich's an./Meph: Hab ich doch meine Freude dran» [524 f./3542 ff.].

Zeit der Angst Schon in der Szene *Am Brunnen,* die der im Hintergrund des Bühnengeschehens bleibenden Liebesnacht von Faust und Margarete folgt, öffnet das tragische Geschehen den Abgrund der Angst, in dem Margaretes Persönlichkeit verschwinden wird. Obgleich auf ein Bärbelgen gemünzt, bezieht Margarete die in Liesgens Worten laut werdende aggressive Reaktion auf den Bruch des Körpertabus sofort auf sich selbst: «Es stinckt!/Sie füttert zwey iezt wenn sie isst und trinckt./(...)/ War ein Gekos und Geschleck/Ja da ist dann das Blümgen weg» [525/3548 ff.]. Und sogleich kommen in der hämischen Rede dann auch die bevorstehenden öffentlichen Demütigungen der schwangeren unverheirateten Frau in den Blick: «Da mag sie denn sich ducken nun/Im Sünderhemdgen Kirchbus thun!» [526/3568 f.]. Margarete, ehedem beteiligt am Ressentiment gegen die ‹gefallenen› Mädchen, steht unvermittelt auf der anderen Seite und empfindet fassungslos die Verteufelung der Sexualität: «Wie konnt ich sonst so tapfer schmälen/Wen thät ein armes Mägdlein fehlen/(...)/Und bin nun selbst der Sünde blos/Doch – alles was mich dazu trieb/Gott! war so gut! ach war so lieb!» [526/3579 ff.].

Dieser Gott, der eine Reminiszenz an Fausts Hymnus an die göttliche Liebe sein könnte, wird Margarete bei dem bevorstehenden Schreckensgang ebenso wenig ein Beistand sein wie der Gott ihrer Herkunft. Ihr verzweiflungsvoller Anruf der «Mater dolorosa» – «Hilf retten mich von Schmach und Todt!/Ach neige/Du schmerzenreiche/Dein Antlitz ab zu meiner Noth!» – verhallt im leeren Raum einer entgötterten Welt [528/3616 ff.]. In schriller Manier macht das die Szene *Dom* deutlich, wo die Totenmesse für Margaretes Mutter gelesen wird. Naturgemäß hat sie das mephistophelische Schlafmittel nicht überlebt. In der Synchronisation der Liebesfreuden von Faust und Margarete

Wand an Wand mit dem Todesschlaf der Mutter entsteht im bürgerlichen Haus der heillose Schuldkomplex Margaretes. Er formiert sich bereits in der Bühnenanweisung der Szene neben der versammelten Verwandtschaft als «Böser Geist hinter Gretgen» und flüstert ihr zu: «Wo steht dein Kopf?/In deinem Herzen/Welche Missethat?/Betest du für deiner Mutter Seel/Die durch dich sich in die Pein hinüberschlief./– Und unter deinem Herzen,/Schlägt da nicht quillend schon,/Brandschande Maalgeburt!/Und ängstet dich und sich/Mit ahnde voller Gegenwart» [528/3784 ff.].

Angst lautet das Schlüsselwort der Tragödie Margaretes, die man in der Domszene als vorweggenommene Vergegenwärtigung des freudschen Strukturmodells ansehen könnte, bei der Margaretes Persönlichkeit in dem Konflikt zwischen Über-Ich – dem durch Erziehung im Gewissen verankerten Sittengesetz der traditionsgebundenen Gemeinschaft – und dem Es – dem Lebens- und Lustprinzip eines ungebundenen Daseins – unter die Räder kommt. Den dringlichsten Ton nimmt das Tribunal über Margaretes Tabubruch in den apokalyptischen Worten des Dies-irae-Chores an. Den legt der «böse Geist» im Sinne des Margarete bevorstehenden weltlichen Gerichtsverfahrens aus, darin ihre «Sünd und Schand» ans Licht gebracht würden [529/3821]. Margaretes Zusammenbruch im Schlussbild der Szene («Nachbarin! Euer Fläschgen!» [530/3834]) zeigt sie als schwangere Frau, einer Gewissenstortur ausgeliefert, in deren Konsequenz sie ihr Kind töten wird, aus Angst vor der in ihrer Welt als Schandmal geltenden Geburt eines unehelichen Kindes.

Erst nach ihrer hinter die Bühne verlegten Verzweiflungstat wird Margarete wieder zu sehen sein, wenn sie in der letzten Szene als «Kindsmörderin» ihre Hinrichtung erwartet. Vorerst tritt ihr Bruder, der Soldat Valentin, ins Bild und macht noch einmal auf den unberührten Körper seiner «trauten Gretel» den Anspruch der Familie geltend. Der schlägt freilich als Folge der ruchbar gewordenen Schwangerschaft in blanke Aggression um, sowohl gegen Margarete selbst wie auch gegen jenen, der im Urteil der Gemeinschaft die «Zier vom ganzen Geschlecht» ruiniert hat [531/3636]. Im selben Moment erscheinen Faust und Mephisto auf der Bühne, Faust im anhaltenden Gefühlspathos, Mephisto wie gewohnt den derb materialistischen Kommentar – «ein bissgen Rammeley» – zu Fausts Überbau des Herzens sprechend. Die unterdessen eingetretenen fatalen Ereignisse haben die beiden noch gar nicht zur Kenntnis genommen. Nun stehen sie abermals vor Margaretes Tür, durch die Mephisto mit anzüglichen Bemerkungen Faust hineinkomplimentieren will zur nächsten Liebesnacht mit Margarete. «Nun frisch dann zu! Das ist ein Jammer/Ihr geht nach eures Liebgens Kammer/Als gingt ihr in den Todt» *[530]*. Faust zögert wiederum, um sich dann zu einer gleichsam existentialistischen Rechtfertigung seines Begehrens aufzuschwingen.

Die absurde Existenz des «Flüchtlings», des «Unbehausten», des «Unmenschen ohne Zweck und Ruh», der «wie ein Wassersturz von Fels zu Felsen brauste/Begierig wüthend nach dem Abgrund zu», verschafft seinem Verlangen nach Margaretes Körper die neue Bedeutung einer pathetischen Geste. Margaretes «Opfer» scheint unvermeidlicher Bestandteil dieser Selbstinszenierung zu sein, weshalb Faust gegenüber Mephisto bekennt: «Sie! Ihren Frieden musst ich untergraben,/Du Hölle wolltest dieses Opfer haben!/Hilf Teufel mir die Zeit der Angst verkürzen/Mags schnell geschehn was muss geschehn./Mag ihr Geschick auf mich zusammen stürzen./Und sie mit mir zu Grunde gehn» [532/in *Faust. Ein Fragment* und in *Faust I* hat Goethe diese Verse der neu konzipierten Szene *Wald und Höhle* zugeordnet, 3343 ff.]. «Zeit der Angst» lautet das Signalwort, das in dem wohl modernsten Vers dieses Textes auch die authentische Gefühlslage Fausts grell beleuchtet.

Realismus: Prosa des Schreckens Bevor Faust jedoch, angetrieben von Mephisto, abermals Margaretes «Kammer» betreten kann, stellt sich den beiden Valentin in den Weg, was er mit seinem Leben zu bezahlen hat. So ist es zwar in der Urfassung des Dramas noch nicht auf der Bühne zu sehen, aber aus dem Fortgang der Handlung zu erschließen. Das nächste Bild zeigt Faust und Mephisto denn auch außerhalb der Stadt, aus der sie nach der Ermordung Valentins fliehen mussten. Unterdessen hat Mephisto versucht, Faust einzuwiegen in solche «abgeschmackten Freuden» [533/S. 188], die sich später in der endgültigen Tragödienversion zur «Walpurgisnacht» ausweiten werden. Vorerst jedoch wird der Ausflug in die Welt des Obszönen nur angedeutet. Faust beschwert sich bitter darüber, da ihm das Schicksal Margaretes trotz der mephistophelischen Ablenkungsversuche zu Bewusstsein kommt: «Als Missetäterinn im Kerker zu entsetzlichen Quaalen eingesperrt, das holde unseelige Geschöpf! Biss dahin! – Verrätrischer nichtswürdiger Geist, und das hast du mir verheimlicht!» Mephistos zynische Replik «Sie ist die erste nicht!» [532*f.*/S. 188] spielt auf die im 18. Jahrhundert drakonischen Strafen gegen die «Kindsmörderinnen» an und mithin auch auf jene «gräßlichen Auftritte», deren Augenzeuge Goethe in Frankfurt geworden war. Diese Erfahrung übersetzen dann die finalen Szenen der Tragödie Margaretes in eine die zeitgenössische Ästhetik aufsprengende, realistische Prosa. Bis zum bitteren Ende kehrt der Fausttext in seiner Urfassung nicht mehr zu einer in Versen gebundenen Sprache zurück.

Wer wie Margarete die «Grenzen der Gemeinschaft» überschreitet, der bekommt es, um mit Helmuth Plessners Tönnies-Replik zu sprechen, mit dem «sozialen Radikalismus» zu tun, den traditionsgebundene Gemeinschaften ausbilden, wenn sie in den ihre Existenz bedrohenden Konflikt zwischen Überlieferung und Moderne geraten. Goethes Leben und sein Werk – insbesondere das zwischen 1770 und 1831 geschriebene Faustdrama – stehen im Zeichen dieses Epochenwechsels und seiner charakteristischen Widersprüche. Deutlich kommen sie zum Ausdruck in den dürren Worten, in denen zehn Jahre nach der «gräßlichen» Hinrichtung der ledigen Frankfurter Dienstmagd und «Kindsmörderin» Susanna Margaretha Brandt der Weimarer Geheime Rat Johann Wolfgang von Goethe unter ein Gutachten für den Herzog schrieb, dass es auch nach seiner «Meinung räthlicher sein mögte die Todtesstrafe beyzubehalten» (Schöne 2017, 198). Goethes Votum bezog sich auf das Urteil, das der Jenaer Schöffenstuhl gegen die 24-jährige, ledige Weimarer Dienstmagd Johanna Catharina Höhn wegen «Kindsmord» verhängt hatte und das am 28. November 1783 auf dem

Galgenberg zwischen Weimar und Tröbsdorf durch das Schwert vollstreckt wurde. Da ruhte der Text, in dem Goethe das Martyrium der «Kindsmörderin» Margarete dargestellt hatte, immer noch unpubliziert unter seinen Manuskripten.

Jener also auch Goethe selbst betreffende Widerspruch klingt an in Fausts empörter Reaktion auf den mephistophelischen Sarkasmus: «Die erste nicht! – Jammer! Jammer! von keiner Menschenseele zu fassen dass mehr als ein Geschöpf in die Tiefe dieses Elends sank, dass nicht das erste in seiner windenden Todtes noth genug that für die Schuld aller übrigen vor den Augen des Ewigen» [533/S. 188]. Fassungslos macht Faust freilich auch die Selbsterkenntnis, dass ihn sein Begehren längst so unauflöslich an den «Schandgesellen» geschmiedet hat, dass er sogar im schuldbewussten Drang, Margarete zu Hilfe zu kommen, an denselben gekettet bleibt. Dieser Geselle versteht es, den niederschmetternden Befund sogleich in elaborierter Bosheit auszukosten, wenn er Faust fragt: «drangen wir uns dir auf oder du uns?», «Wer wars der sie in's Verderben stürzte? Ich oder du?», um dann in ausgesuchter Perfidie hinzuzufügen, dass die Möglichkeiten, Margarete zu befreien, leider sehr beschränkt seien, da «auf der Stadt die Blutschuld liegt die du auf sie gebracht hast» und «über der Stäte des Erschlagenen (d. i. Valentin, Vf.) rächende Geister schweben, die auf den rückkehrenden Mörder (d. i. Faust, Vf.) lauern» [533f/S. 189]. Selbstredend bringt sich Mephisto im nächsten Moment doch wieder als Herr der Mittel in Stellung, der immerhin den Wärter vor Margaretes Kerker betäuben und die Pferde für die Flucht organisieren wird. Wenn dann Faust zum Aufbruch mahnt, die Ausführung der riskanten Aktion freilich an seinen Schattenmann delegiert – «Führe mich hin sag ich dir, und befrey sie» –, sieht sich der genötigt einzugestehen, dass seine magischen Fähigkeiten an der Schwelle zu Margaretes Kerker – und zu ihrem Bewusstsein – enden und nur ein «menschliches» Mittel den entscheidenden Schritt zu ihrer Befreiung ermöglichen wird. Daher er Faust entgegnet: «führe sie heraus mit Menschenhand. Ich wach' und halte dir die Zauber Pferde bereit. Das vermag ich» [534/S. 190]. Mehr jedoch vermag Mephisto in Margaretes Fall nicht.

Kerker: Grauen Als Faust dann die Kerkertür aufschließt, blickt er auf die in Todesnot sich windende Margarete, die in ihm zunächst gar nicht ihren Befreier zu erkennen vermag. Sie hält ihn vielmehr für den Henker und fleht um ihr Leben: «Erbarme dich mein und laß mich leben! Ich bin so iung, so iung, und war schön und bin ein armes iunges Mädgen. (...) Erbarme dich mein! Was hab ich dir gethan? Hab dich mein Tage nicht gesehn» [536/4430ff.]. Die angstgetriebene Auflösung der Sprach- und Wahrnehmungsfähigkeit setzt sich fort in Halluzinationen – «Sieh das Kind! Muss ich's doch tränken. Da hatt ich's eben! Da! Ich habs getränckt!» [536/4443ff.] – und in verwirrten Reaktionen auf Fausts Gegenwart: «Wo ist er! Ich hab ihn rufen hören! er rief Gretgen! Er rief mir! (...)/:Sich vor ihm niederwerfend:/ Mann! Mann! Gieb mir ihn schaff mir ihn! Wo ist er!» [536/4462ff.]. Die Sprache der Angst bringt weiterhin solche das absurde Theater der Moderne vorwegnehmenden Bilder hervor, in denen sich die Grenzen zwischen Wahn und Wirklichkeit auflösen, etwa in Margaretes energischem Verlangen nach Fausts Küssen, der freilich zu solchen Liebesbeweisen im Kerker nicht in der Lage ist: «Küsse mich! Kannst du nicht mehr küssen? Wie! Was! Bist mein Heinrich und hast's Küssen verlernt! (...) Heinrich küsse mich, sonst küss ich dich/:sie fällt ihn an:/Weh! deine Lippen sind kalt! Todt! Antworten nicht!» [537/4484ff.]. Schließlich nimmt Margarete doch Faust und seinen Fluchtplan zur Kenntnis, ohne jeden Hoffnungsschimmer freilich: «Ich begreiffs nicht! Du? Die Fesseln los! Befreyst mich. Wen befreyst du! Weist du's?» [537/4501]. In der verzweiflungsvollen Frage prallen ein letztes Mal Fausts und Margaretes Welten aufeinander, nun allerdings ohne jede Möglichkeit einer Vermittlung.

Wenn Faust das Glück des vermeintlich vollkommen befreiten Lebens verspricht, das jenseits des Kerkers warten würde – «Komm! Komm! (...) Freyheit! (...) Hinaus! Hinaus!» [537*f.*/4506] –, antwortet Margarete mit dem diesem Befreiungsakt unüberwindlich im Wege stehenden gemeinsamen Sündenregister: «Meine Mutter hab ich umgebracht! Mein Kind hab ich ertränckt. Dein Kind! Heinrich! (...) Deine Hand Heinrich! – Sie ist feucht – Wische sie ab ich bitte dich! Es ist Blut (ihres Bruders Valentin, Vf.) dran» [537f./4507ff.]. An dieser Stelle des Dramas, an der sich die Wege von Faust und Margarete wieder trennen, wird deutlich, dass Margaretes (Schuld-)Bewusstsein der modernen Gesinnung Fausts auf prinzipielle Weise eben nicht analog ist. Dort, wo Faust das Reich der Freiheit ankündigt, «lauert der Todt!» in den Augen Margaretes, die den Geliebten schon einmal zur Grabpflege in der künftigen Todesszenerie auffordert: «Nein du sollst überbleiben, überbleiben von allen. Wer sorgte für die Gräber! So in eine Reihe ich bitte dich, neben die Mutter den Bruder da! Mich dahin und mein Kleines an die rechte Brust. Gieb mir die Hand drauf du bist mein Heinrich» [538/4520ff.].

Margaretes Abwehr von Fausts Plan geht freilich auch zurück auf die ausweglose Situation einer «Kindsmörderin» des 18. Jahrhunderts. Weshalb Margarete auf Fausts Ermahnung «Der Kerker ist offen säume nicht» resigniert antwortet «Sie lauren auf mich an der Strase am Wald» [538/4545ff.]. Und selbst wenn sie durch die offene Tür gehen könnte, bliebe ihr Bewusstsein gefesselt an die Angstbilder ihrer Gewissensnot. Das Kind, das sie ertränkt hat, vor Augen, fleht sie Faust an: «Siehst du's zappeln! Rette den armen Wurm er zappelt noch! – Fort! geschwind! Nur übern Steg, gerad in Wald hinein links am Teich wo die Planke steht. Fort! rette! rette!» [538/4551ff.]. In solchen zu Goethes Zeiten in der deutschen Literatur beispiellos schrecklichen Bildern nimmt Margarete dann sogar ihre eigene Hinrichtung als Zerrbild des Hochzeitstags vorweg und halluziniert – in der Perspektive des Publikums des obszönen Spektakels! – den Augenblick, da das Schwert des Henkers auf ihren Nacken trifft: «Tag! Es wird Tag! der lezte Tag! der Hochzeit Tag! – Sags niemand dass du die Nacht vorher bey Gretgen warst. – Mein Kränzgen! – Wir sehn uns wieder! – Hörst du die Bürger schlürpfen nur über die Gassen! Hörst du! Kein lautes Wort. Die Glocke ruft! – Krack das Stäbgen bricht! – Es zuckt in iedem Nacken die Schärfe die nach meinem zuckt! – Die Glocke hör» [539/4580ff.]. Die Vorausahnungen der Todeskandidatin verdanken sich den Erlebnissen des Faustautors, der in

Frankfurt en détail auch über das Ritual der Hinrichtung einer «Kindsmörderin» unterrichtet wurde und der die entsprechenden Einzelheiten im Dramentext abbildete.

Angesichts dieser Schreckensperspektive stellt sich noch dringlicher die Frage, warum Margarete nicht durch die offene Kerkertür hindurchgeht und dem Henker entflieht. Sollte ihr von der Todesangst gepeinigter Überlebenswille für einen Moment dieser Fluchtmöglichkeit zugeneigt haben, so wird er im nächsten Augenblick, da unversehens Mephisto die Szene betritt und zur Eile mahnt, wieder zurückgestoßen in die Ausweglosigkeit einer hoffnungslos gefangenen Existenz. Mephistos Erscheinung versperrt Margarete endgültig – und so liegt es wohl auch in seinem Kalkül – den gemeinsamen Weg mit Faust hinaus ins Leben. Voller Entsetzen weicht sie zurück: «Der! der! Lass ihn schick ihn fort! der will mich! Nein! Nein! Gericht Gottes komm über mich, dein bin ich! rette mich! Nimmer nimmermehr! Auf ewig lebe wohl. Leb wohl Heinrich» [539/4601 ff.]. Faust kann Mephisto gar nicht fortschicken, ist er doch an diesen Herrn der Mittel gefesselt, erst recht bei seiner Unternehmung, Margarete aus dem Kerker zu befreien. Von seiner ersten Begegnung mit Margarete an hat Faust Mephisto immer schon bei sich, daher denn auch Fausts Idealismus des Gefühls und der Freiheit nicht zu trennen ist von Mephistos radikalem Materialismus. Faust-Mephisto «will» Margarete, getrieben von seinem «Apetit» auf ihren Körper [495/2653], verschlingen. Diese Sucht korrumpiert in Margaretes Wahrnehmung auch noch Fausts letzte flehentliche Bitte, sie möge mit ihm gemeinsam dem Kerker entfliehen.

Jene Urteile über Fausts diabolischen Schattenmann, die Margarete schon im Religionsdisput ausgesprochen hat, fasst sie im letzten Satz, der in dem Drama von ihr zu hören ist, in einem Verdikt zusammen, das nun allerdings auf Faust selbst bezogen ist: «Ihr heiligen Engel bewahret meine Seele – mir grauts vor dir Heinrich» [539/4608 ff.]. In dieser ultimativen, wahrhaft tragischen Situation, in der Margarete zerrissen wird durch das Grauen, das von Faust-Mephisto ausgeht, und durch das Entsetzen vor der ‹zuckenden› Schärfe des Richtschwerts auf dem weltlichen Gerichtsplatz, flüchtet sie sich ins «Gericht Gottes» und zu den «heiligen Engeln».

Ob freilich das «heilige» Refugium Bestand haben und die zu Tode geängstigte Seele bewahren wird, das lässt Goethes Text in der Urfassung auf beklemmende Weise offen. Denn hier endet Margaretes Tragödie in der größten Trostlosigkeit. Mephisto resümiert kühl: «Sie ist gerichtet!», und «verschwindet mit Faust». Hinter der ins Schloss fallenden Kerkertür hört man «verhallend» Margaretes Rufe «Heinrich! Heinrich!» [539/4612]. Im Nachklang dieser verzweifelten Ausrufe seines Namens bleibt aber doch wohl ein solcher Appell an Faust präsent, der ihm die Möglichkeit für eine Reservatio mentalis im großen Mahlstrom des tragischen Geschehens offenhält. Es könnte für die weiteren Etappen seines Dramas ein Hoffnungsschimmer sein, das Bewusstsein für das «Grauen» an seiner Seite nicht zu verlieren.

IV. 1790: *Faust. Ein Fragment*

Doppelleben in Weimar In der bruchstückhaften Fassung, in der das Drama des frustrierten Wissenschaftlers im gotischen Zimmer noch unverbunden neben dem unversöhnlich endenden Trauerspiel Margaretes steht, brachte Goethe das Faustmanuskript im November 1775 mit nach Weimar, wohin ihn Herzog Carl August eingeladen hatte. Zügig steigt Goethe zum engsten Berater des Herzogs auf, begleitet dessen politische und diplomatische Unternehmungen und ist beteiligt am gesellschaftlichen Leben des Weimarer Hofes. Das poetische Talent Goethes verwirklicht sich in diesen Jahren vor allem in zahlreichen Gedichten für die von ihm leidenschaftlich geliebte Hofdame Charlotte von Stein. Für größere literarische Vorhaben fehlen dem vielfach Beanspruchten Zeit und Energie. Er nimmt sie freilich dennoch in Angriff. Iphigenies, Egmonts und Tassos Dramen sowie Wilhelm Meisters Roman zählen zu seinen Plänen jener Jahre, während derer er aber über vorläufige Textfassungen nicht hinauskommt. An eine Fortsetzung der Arbeit am Faustmanuskript war unter solchen Bedingungen schon gar nicht zu denken. Lediglich bei den erwähnten Lesungen scheint der ruhelose Dramenheld in Weimar in Erscheinung getreten zu sein.

Im September 1786 bricht Goethe aus seinem Weimarer Doppelleben als Staatsdiener und Dichter aus und macht sich auf den Weg nach Italien. Enttäuschte Hoffnungen in seinem Verhältnis zu Frau von Stein standen desgleichen im Hintergrund dieser Flucht in den Süden. Die unfertigen Dichtungen nimmt er mit auf seine Reise. Die überarbeiteten Manuskripte sollten dann aus Italien nach Leipzig geschickt werden, wo der Verleger Göschen auf die noch ausstehenden Beiträge für die längst angekündigte Ausgabe von *Goethe's Schriften* wartete.

Römische Faustarbeiten Einen Einblick in die italienischen Arbeiten am Fausttext gewährt uns Goethe im Korrespondenzteil des *Zweiten Römischen Aufenthalts* unter dem Datum «Rom, den 1. März» 1787. In der Wohnung am Corso und, wie es auf den Zeichnungen von Wilhelm Tischbein zu sehen ist, in der Gesellschaft von Abgüssen antiker Skulpturen macht er sich an die Fortsetzung vom Drama des depressiven Magiers Faust, der nächtens im gotischen Zimmer, umgeben von «Rauch und Moder» [470/416], verzweiflungsvolle Monologe spricht.

Dieser Widerspruch zwischen Süden und Norden, zwischen dem euphorischen Italienwanderer Goethe und seinem desperaten Faust, prägt von nun an die erst im Sommer 1831 zum Abschluss gelangende Arbeit am Tragödienmanuskript. Dass er in Gestalt seines alten Fausttexts etwas ganz Unpassendes in die lebenslustige Künstlerwohngemeinschaft am römischen Corso hineingeschleppt hat, lässt dieselbe italienische Korrespondenz Goethes vom März 1788 auch deutlich werden: «Zuerst ward der Plan zu *Faust* gemacht, und ich hoffe diese Operation soll mir geglückt sein.» Einschränkend fügt Goethe aber gleich hinzu: «Natürlich ist es ein ander Ding das Stück jetzt (in Rom, im März 1788, Vf.) oder vor funfzehn Jahren ausschreiben (als er um 1773, noch im Frankfurter Elternhaus, sich bereits mit dem Faustdrama befasst hatte, Vf.), ich denke es soll nichts dabei verlieren, besonders da ich jetzt glaube den Faden wieder gefunden zu haben. Auch was den Ton des Ganzen betrifft, bin ich getröstet, ich habe schon eine neue Szene ausgeführt, und wenn ich das Papier räuchre so dächt' ich sollte sie mir niemand aus den alten herausfinden» (MA 15, 619).

In einer Art Fälscherwerkstatt scheint der Faustautor seiner Tätigkeit in Rom nachzugehen, die neuen Szenen räuchernd einzuschwärzen, auf dass niemand dem Drama die unterschiedlichen Entstehungszeiten und die damit verbundenen Brüche im Leben des Autors ansehen kann. Auf den Fausttext schaut Goethe in Rom, als ob es sich um den geschundenen Leib einer Leidensgeschichte handle: «Das alte Manuskript macht mir manchmal zu denken, wenn ich es vor mir sehe. Es ist noch das erste, ja in den Hauptszenen (des Gelehrtendramas im gotischen Zimmer und der Tragödie Margaretes, Vf.) gleich so ohne Konzept hingeschrieben, nun ist es so gelb von der Zeit, so vergriffen (die Lagen waren nie geheftet), so mürbe und an den Rändern zerstoßen, daß es wirklich wie das Fragment eines alten Codex aussieht, so daß ich, wie ich damals in eine frühere Welt mich mit Sinnen und Ahnden versetzte, ich mich jetzt in eine selbst gelebte Vorzeit wieder versetzen muß» (ebd).

Da hat es der Faustautor bereits mit verdoppelten Zeitschichten zu tun. Nicht nur muss er sich bei der Wiederaufnahme der Arbeit am Tragödienmanuskript in jene «selbst gelebte Vorzeit» zurückversetzen, als er während der jugendbewegten Sturm-und-Drang-Epoche mit den ersten «Hauptszenen» des Faustdramas begann, sondern er sieht sich auch noch genötigt, den Tragödienhelden in die «frühere Welt» des gotischen Zimmers zu begleiten, und das nun ausgerechnet in Rom, im Zentrum der Klassik. Es beginnt in der italienischen Korrespondenz jene lange Reihe von Klagen Goethes über den inneren Widerspruch seiner Arbeit am Faustdrama, die sich fortsetzen wird bis zum letzten Brief vom 17. März 1832 an Wilhelm von Humboldt, in dem Goethe seine Entscheidung verteidigt, den endlich vollendeten Tragödientext erst in einer postumen Ausgabe erscheinen zu lassen.

Die italienische Neukonzeption des Faustdramas *Faust. Ein Fragment* lautet bezeichnenderweise der Titel der ersten publizierten Textfassung des Dramas, die 1790 im Leipziger Göschen-Verlag im 7. Band von *Goethe's Schriften* erschien. Vergleichen wir diesen Druck mit dem «alten Manuskript», das Goethe bei seinem Aufbruch in den Süden im September 1786 im Gepäck hatte, bemerken wir, dass er zwei Jahre später herzlich wenig neue Faustverse aus Italien mitgebracht und zunächst auch in Weimar kaum neue Textpartien geschrieben hatte. «Faust. Mephistopheles» lautet der Verschronologie entsprechend die erste italienische bzw. nachitalienische Zeile, die Goethe dem alten Manuskript hinzugefügt hat, als sei Faust jetzt um die Dimension Mephisto erweitert worden. Vor seinem neuen Gesellschafter schwingt sich Faust noch einmal auf zur autosuggestiven Erweiterung des eigenen Selbst: «Und was der ganzen Menschheit zugeteilt ist,/Will ich in meinem innern Selbst genießen,/Mit meinem Geist das Höchst' und Tiefste greifen,/Ihr Wohl und Weh auf meinen Busen häufen,/Und so mein eigen Selbst zu ihrem Selbst erweitern,/Und, wie sie selbst, am End' auch ich zerscheitern» (1770 ff.; die Versangaben zu *Faust. Ein Fragment* folgen der Verszählung von *Faust I*). Mit der Attitüde des erfahrenen Freundes wehrt Mephisto indessen solche Ambitionen Fausts aufs Menschheitsganze ab. «Glaub' unser einem, dieses Ganze/Ist nur für einen Gott gemacht!» (1780 f.).

Die Faust umtreibende Utopie eines unmittelbaren Verhältnisses von Selbst und Welt werde nicht, so Mephistos verführerische Botschaft, als Welterkenntnis realisiert im Sinne der von Faust erhofften Schau jenes Wesens, das die «Welt/Im Innersten zusammenhält» (382 f.), sondern verwirklicht werde dieser Traum als Konsum der Welt. Mephisto zu Faust: «Ich sag' es dir: ein Kerl, der spekuliert,/Ist wie ein Tier, auf dürrer Heide/Von einem bösen Geist im Kreis herum geführt,/Und rings umher liegt schöne grüne Weide» (1830 ff.). Und Mephisto empfiehlt sich sogleich in der Rolle eines guten Geistes, der dasselbe «Tier» auf die «schöne grüne Weide» führt.

Eine authentische Selbst- und Welterkenntnis – um die doch gerade der Italienwanderer Goethe ringt – ist auf dem Wege von

Mephistos Materialismus sicherlich nicht zu erreichen. Er drängt Faust vielmehr in die Verhältnisse einer scheinhaften Vermittlung von Selbst und Welt, und zwar gerade dann, wenn er einmal mehr als Herr über die (Zahlungs-)Mittel auftrumpft, mit denen Fausts Lebensproblem des verhinderten Zugriffs auf die «Quellen alles Lebens» (456) gelöst werden könne: «Wir müssen das gescheiter machen,/Eh' uns des Lebens Freude flieht./Was Henker! freilich Händ' und Füße/Und Kopf und H[intern] die sind dein;/Doch alles, was ich frisch genieße,/Ist das drum weniger mein?/Wenn ich sechs Hengste zahlen kann,/Sind ihre Kräfte nicht die meine?/Ich renne zu und bin ein rechter Mann,/Als hätt' ich vier und zwanzig Beine» (1818 ff.).

Mephisto öffnet die Tür, die aus dem gotischen Zimmer herausführt ins pralle Leben. «Indessen mache dich zur schönen Fahrt bereit!» (1850), so ruft er – in dem in Italien dem Text neu hinzugefügten Bruchstück – Faust noch schnell zu, bevor das bereits im alten (voritalienischen) Manuskript enthaltene Intermezzo der mephistophelischen Studienberatung beginnt, in der an die Stelle des «Studenten» der *Frühen Fassung* nun ein «Schüler» tritt. Nach dem Abgang des Schülers meldet sich Faust – in desgleichen erst in Italien entstandenen Versen – zurück: «Wohin soll es nun gehn?» (2051), fragt er unsicher seinen Versucher, der triumphierend antwortet: «Wohin es dir gefällt./Wir sehn die kleine, dann die große Welt./Mit welcher Freude, welchem Nutzen/Wirst du den Cursum durchschmarutzen!» (2051 ff.).

Mephisto fasst das Geschehen, das in Rom ins alte Manuskript eingefügt wurde, feierlich zusammen und beglückwünscht Faust zum Bruch mit seiner bisherigen Existenz: «Ich gratuliere dir zum neuen Lebenslauf» (2072). Goethes italienischer Salto mortale ins neue Leben und ins Glück findet also seine dramatische und zugleich mephistophelische Entsprechung in Fausts «kühnem Schritt» (2067) zum «neuen Lebenslauf». In Gestalt dieser Koinzidenz von Lebens- und Werkgeschichte beginnt mit der italienischen Neukonzeption des Faustdramas die lebenslange Sisyphosarbeit Goethes, Faust-Mephisto als Schattengestalt seiner eigenen Lebensgeschichte nachzuzeichnen und auf diese Weise die Bruchstücke seiner «großen Konfession» zu vervollständigen (Jaeger 2014, 230ff.).

Goethe mochte es in Weimar ebenso beklemmend eng zumute gewesen sein wie dem Unzufriedenen im gotischen Zimmer. Mit Faust gemeinsam bricht Goethe aus der kleinen Welt aus und nimmt ihn mit auf die Flucht in den Süden. Dort aber scheinen sich die Wege der beiden Flüchtlinge unwiderruflich voneinander zu trennen – um gleichwohl stets aufeinander bezogen zu bleiben. Denn Goethe lässt aus Faust den Antagonisten seiner eigenen italienischen Selbstbefreiung werden. Während Goethe in Rom die «große Schule» besucht (MA 15, 152), auf dass ihm die europäische Überlieferung ein lebendiges Wort werde, führt Faust den radikalen Bruch mit derselben Bildungsidee herbei, protestiert mit eben dem vom Italienfahrer verworfenen Titanenpathos gegen jede Art von Schule, Universität und Studium und beginnt mit der Revolution, die Welterkenntnis und Daseinskontemplation ersetzt durch einen voluntaristischen Zugriff auf die Welt.

Bereits in einem in Rom ins Tragödienfragment eingefügten Monolog Mephistos zeigt sich die mit der neuen italienischen Faustidee verbundene kritische Umwertung des Geschehens im gotischen Zimmer, das doch einst, in den Tagen des Sturm und Drang, mit einer identifikatorischen Absicht, gleichsam in Prometheusgeste konzipiert worden war. Nun kündigt Mephisto, alleine auf der Bühne, ein Drama des freudlosen und zwanghaften Strebens an. Auf Faust bezogen heißt es da: «Verachte nur Vernunft und Wissenschaft,/Des Menschen allerhöchste Kraft,/ Laß nur in Blend- und Zauberwerken/Dich von dem Lügengeist bestärken,/So hab' ich dich schon unbedingt –/Ihm hat das Schicksal einen Geist gegeben,/Der ungebändigt immer vorwärts dringt,/Und dessen übereiltes Streben/Der Erde Freuden überspringt» (1851ff.).

Verglichen mit der euphorischen Erfahrung des Italienwanderers, im Süden endlich zur Ruhe zu kommen und jene Existenzkrise überwinden zu können, über die es in einem römischen Brief an Charlotte von Stein heißt: «verzeih mir ich kämpfte selbst mit Tod und Leben und keine Zunge spricht aus was in mir vorging» (WA IV 8, 102), verglichen also mit Goethes italienischer Rückkehr ins Leben und seinem hier neu beginnenden Lebenslauf, wird man das von Mephisto entworfene Programm des ruhelosen Immer-vorwärts-Dringens Fausts als polemischen Gegenentwurf zu den italienischen Erfahrungen Goethes verstehen.

Denn in den in Rom geschriebenen Textpartien gestaltet Goethe das Bewusstsein seines Tragödienhelden zum Musterfall anmaßender Subjektivität. Auf Fausts Wunsch, sein Selbst im Menschheits- und Weltmaßstab zu erweitern, und auf Mephistos Replik, die freilich gerade auf das Anstacheln von Fausts maßlosem Begehren kalkuliert ist, folgt Fausts Proklamation des unbedingten Willens: «Allein ich will!» Und herausgefordert durch Mephistos Einwürfe, fügt er hinzu: «Was bin ich denn, wenn es nicht möglich ist/Der Menschheit Krone zu erringen,/ Nach der sich alle Sinne dringen?» (1803 ff.). Aus diesem voluntaristischen Anspruch leitet Mephisto bereits in den italienischen Textbruchstücken eine tantalushafte Existenznot Fausts ab, die sogar ohne einen Diabolos auskäme: «Er soll mir zappeln, starren, kleben,/Und seiner Unersättlichkeit/Soll Speis' und Trank vor gier'gen Lippen schweben;/Er wird Erquickung sich umsonst erflehn,/Und hätt' er sich auch nicht dem Teufel übergeben,/Er müßte doch zu Grunde gehn!» (1862 ff.).

Faust in der Hexenküche – Goethe im Park der Villa Borghese

Dass Goethe in den in Italien geschriebenen Szenen des Faustdramas die Parodie seiner eigenen römischen «Wiedergeburt» gestaltet (MA 15, 174), wird vor allem in der Szene *Hexenküche* deutlich, die, an *Auerbachs Keller* anschließend, die Verbindung zwischen dem Drama des frustrierten Gelehrten und der Tragödie Margaretes herstellt. Seinen Protagonisten schickt Goethe in der neuen Textpartie in eben die allgewaltige Triebsphäre, aus der die glückliche Versöhnung von persönlicher Liebe und körperlichem Verlangen und also das Glück ausgeschlossen ist, das er selbst während seiner italienischen Epoche erlebt hat in der Gemeinschaft mit jener römischen Frau, die in den späteren, elegischen Romerinnerungen unter dem Namen

Faustina für einen Moment ins Bild tritt. Das einschwärzende «Räuchern» des alten Fausttexts ist mithin nicht nur auf das Papier des Tragödienmanuskripts, sondern vor allem auf den Inhalt der zuvor schon geschriebenen Partien des sogenannten *Urfaust* zu beziehen.

Besonders betroffen von der nachträglichen Verdüsterung des Textsinns ist das Drama Margaretes. «Mit welcher Freude, welchem Nutzen,/Wirst du den Cursum durchschmarutzen!» – so hat es Mephisto Faust beim Verlassen des gotischen Zimmers angekündigt. Diese römische Texteinfügung macht die schon im alten Manuskript stehende Tragödie Margaretes zum ersten Kapitel von Fausts frivolem Cursus. Die Disposition dazu gewinnt er in der abstrusen Verjüngungskur, die Goethe im Wust des von ihm verachteten nordisch-romantischen Hexen-, Zauber- und Nebelwesens stattfinden lässt. Noch paradoxere Bilder als den im Garten Borghese ausgerechnet an der *Hexenküche* schreibenden römischen Faustautor wird der Betrachter von Goethes Leben und Werk kaum finden können. Umgeben von antiken Tempelruinen und arkadischen Landschaftspartien entwirft Goethe für die nordische Tragödie den «seltsamsten Hexenhausrat», schickt Faust ins «tolle Zauberwesen» (2337), auf dass die «Sudelköcherei» ihm «wohl dreißig Jahre» vom Leibe schafft (2341 f.).

«Du siehst, mit diesem Trank im Leibe», verspricht Mephisto, «bald Helenen in jedem Weibe» (2604 f.). Nach der Initiation – im Stil der Hexenküche – in die Welt des Sexus wird Faust, so die mephistophelische Verheißung, in jeder Frau das sehen, was er in ihr sehen und an ihr leibhaftig haben will, mitnichten jedoch das, was diese selbst an und für sich ist. Unter dieser unheilvollen Voraussetzung beginnt im nächsten Moment Margaretes Drama, wenn Faust auf offener Straße an sie herantritt, um ihr sein «Arm und Geleit» anzutragen.

Euphorie und Angst Widerspruchslos indessen lässt Goethe die Handlung von nun an nicht bis zum bitteren Ende im Kerker zurasen. Vielmehr darf Faust in der einzigen Szene, die Margaretes Drama in Italien unter der Überschrift *Wald und Höhle* hinzugefügt wurde, ausnahmsweise teilhaben an Goethes euphorischer Romerfahrung. Für einen Moment verschließt sich die Welt nicht vor Faust, worüber er sonst endlose Klagen führte, sondern sie öffnet sich ihm wie ein «Freund». Gestaltete sich die Beschwörung des Erdgeistes im gotischen Zimmer als peinigendes Frustrationserlebnis, so stimmt Faust nun, alleine in freier Natur, auf den gleichen Geist ein Loblied an: «Erhabner Geist, du gabst mir, gabst mir Alles,/Warum ich bat. Du hast mir nicht umsonst/Dein Angesicht im Feuer zugewendet» (3217ff.). Faust dankt dann sogar für die Erfüllung seiner Wünsche, ein bislang unvorstellbarer Vorgang im Bewusstsein des notorisch Unzufriedenen: «Gabst mir die herrliche Natur zum Königreich,/ Kraft, sie zu fühlen, zu genießen. Nicht/Kalt staunenden Besuch erlaubst du nur,/Vergönnest mir in ihre tiefe Brust/Wie in den Busen eines Freund's zu schauen./Du führst die Reihe der Lebendigen/Vor mir vorbei, und lehrst mich meine Brüder/Im stillen Busch, in Luft und Wasser kennen» (3220ff.).

Die eminentesten Repräsentanten dieses «Königreichs» des Daseins sind die anderen Personen. In der Begegnung mit ihnen gelangt das staunende Subjekt zu sich selbst und zur Freiheit. In Fausts Dankversen scheint innerhalb der «großen Konfession» Goethes ein literarisches Bild auf für die Heilung seiner eigenen Existenzkrise und für seinen Weg ins Lebensglück, der in Rom über die intime Begegnung mit dem Dasein der anderen führte. Im Sinne solcher bruchstückhaft-verborgenen Bekenntnisse hat Goethe die neue Szene in *Faust. Ein Fragment* dergestalt ins alte Manuskript eingerückt, dass Fausts Hymnus der gemeinsamen Nacht mit Margarete folgt (in der späteren Fassung von *Faust I* wird Fausts Dankmonolog dieser Nacht vorausgehen).

Zum Wendepunkt, der eine Befreiung von dem auf seinem Leben lastenden Angstfluch ermöglichen könnte, wird Faust die Begegnung mit Margarete jedoch nicht. Er fällt zurück – so die im Fragment von 1790 neu geschaffene Konstellation – in die Klage eines Zerrissenen, der nicht zur Ruhe kommen kann: «O daß dem Menschen nichts Vollkomm'nes wird/Empfind' ich nun. Du gabst zu dieser Wonne,/Die mich den Göttern nah' und näher bringt,/Mir den Gefährten, den ich schon nicht mehr/

Entbehren kann, wenn er gleich, kalt und frech,/Mich vor mir selbst erniedrigt, und zu Nichts,/Mit einem Worthauch, deine Gaben wandelt./Er facht in meiner Brust ein wildes Feuer/Nach jenem schönen Bild geschäftig an./So tauml' ich von Begierde zu Genuß,/Und im Genuß verschmacht' ich nach Begierde» (3240ff.).

Als unentbehrlicher Gefährte, gleichsam eine stets gegenwärtige Disposition von Fausts Persönlichkeit darstellend, kommt Mephisto an dieser Stelle zurück ins Spiel. Aufgerufen durch das verzweifelte Eingeständnis, «im Genuß verschmacht' ich nach Begierde», verhöhnt Mephisto prompt Fausts Meditation über das erfüllte Leben als «Kribskrabs der Imagination» (3268), die doch nur der wirklichkeitsleere Ersatz für ein in Wahrheit ausschließlich körperliches Verlangen sei. Auf die Unstillbarkeit dieses Verlangens hat es Mephisto abgesehen, weshalb er als dessen Stimulus die Daseinsangst Faust drohend vor Augen hält: «ich gönn' Ihm das Vergnügen,/Gelegentlich sich etwas vorzulügen;/Doch lange hält Er das nicht aus./Du bist schon wieder abgetrieben,/Und, währt es länger, aufgerieben/In Tollheit oder Angst und Graus» (3297ff.).

Hat er Faust erst einmal zurückgestoßen in «Angst und Graus», kann er sich sogleich wieder als dienstbarer Herr über die Mittel bewähren, der stets ein Remedium parat hat gegen das unzulängliche Dasein. Sogleich präsentiert er Faust das «affenjunge Blut» Margaretes als praktische Arznei gegen die Existenzangst: «Mich dünkt, anstatt in Wäldern zu thronen,/Ließ es dem großen Herren gut,/Das arme affenjunge Blut/Für seine Liebe zu belohnen» (3311ff.). Nach einem letzten verzweifelten Abwehrversuch des mephistophelischen Angebots – «Bring' die Begier zu ihrem süßen Leib/Nicht wieder vor die halb verrückten Sinnen!» (3328f.) – bricht die in Rom eingefügte Passage ab und Goethe lässt Faust wieder im Text des alten Manuskripts weitersprechen – als «Flüchtling» also und «Unbehausten», der den «Teufel» anfleht, die «Zeit der Angst» zu verkürzen. War Faust zu Beginn von «Wald und Höhle» unabhängig von Mephisto, so ist er am Ende der Szene dessen Gefangener, weil er abermals ins Zwangsregime der Daseinsangst geraten ist.

Jenes Crescendo der Angst jedoch, das im alten Manuskript die Schlussbilder von Margaretes Trauerspiel erfüllt, wollte Goethe nach der Rückkehr aus Italien sich selbst und seinem Publikum nicht mehr zumuten. Daher hat er die Schreckensprosa der Kerkerszenen, die in die nun anhebende Ära der Weimarer Klassik nicht mehr passen wollte, aus seinem ersten Faustdruck wieder herausgestrichen. «Nachbarin! Euer Fläschchen!» (3834) lauten 1790 die letzten Worte Margaretes in *Faust. Ein Fragment*, ehe der Text mit der Bühnenanweisung «Sie fällt in Ohnmacht» abbricht.

Faustbegeisterung: «Immer vorwärts» In dieser Fassung beflügelte Goethes Text während der folgenden achtzehn Jahre die Faustphantasien des kollektiven Bewusstseins. Darin gewann der Ungeduldige des gotischen Zimmers – in Reaktion nicht zuletzt auf die Epoche Napoleons – die pathetische Gestalt eines deutschen Nationalcharakters und darüber hinaus einer Verkörperung des modernen Zeitgeists. Mephistos Charakterisierung von Fausts «ungebändigtem», «immer vorwärts» dringendem «Geist» entsprach dem geschichtsphilosophisch inspirierten Geist des ausgehenden 18. und beginnenden 19. Jahrhunderts offenbar so genau, dass sie in Hegels 1807 erscheinende *Phänomenologie des Geistes* als ein literarisches Bild jener in der Geschichte tätigen «List der Vernunft» einging, die für den Fortschritt des Geistes zum Bewusstsein der Freiheit sorgt (Hegel, 262). Die Begeisterung der europäischen Revolutionsära für das Immer-vorwärts-Dringen in neue Wirklichkeiten musste schon gewaltige Dimensionen angenommen haben, um in dem von Fausts «Unersättlichkeit» angetriebenen dramatischen Geschehen ein passendes Bild für den perfektibilistischen Geschichtsprozess erkennen zu können. Offenbar war es Goethe gelungen, Fausts Gesinnung mehr denn je als Analogie des Selbstbewusstseins der Moderne auszuweisen. Dass dies auf Seiten des Faustautors freilich in durchaus kritischer Absicht geschah und in zunehmender Distanz zum Prozess- und Fortschrittsdenken der Revolutionsära, das brachte dann die Fassung des Dramas zum Vorschein, die 1808 unter dem Titel *Faust. Eine Tragödie* erschien, indessen keineswegs das endlich fertiggestellte Werk, sondern lediglich *Der Tragödie Ersten Teil* und drei ihm vorangestellte Präludien präsentierte.

V. 1808: *Faust. Eine Tragödie (Faust I)*

1. Präludien

Zueignung Die dem ersten Tragödienteil vorausgehenden Vorspiele rücken allesamt das Geschehen im gotischen Zimmer in eine verfremdende Perspektive. Das erste der drei Präludien, die *Zueignung,* setzt mit einer Selbstreflexion des Autors ein, darin er sich der bis in Jugendzeiten zurückreichenden Anfänge seiner Dichtung erinnert. Der lebensgeschichtliche Widerspruch, den diese sonderbar düsteren Verse zum Vorschein bringen, könnte kaum größer sein. Offenbar ist die Faustthematik mit ihren Personen – das Faszinosum des jungen Goethe während der Sturm-und-Drang-Epoche, und die liegt über dreißig Jahre zurück – dem Autor, der sich 1808 beim Publikum zurückmeldet, längst ferngerückt. Irritiert schaut er auf eine schemenhafte Szenerie, die aus den Tiefen des eigenen Bewusstseins auftaucht: «Ihr naht euch wieder, schwankende Gestalten!/Die früh sich einst dem trüben Blick gezeigt./Versuch' ich wohl euch diesmal fest zu halten?/Fühl' ich mein Herz noch jenem Wahn geneigt?/Ihr drängt euch zu! nun gut, so mögt ihr walten,/Wie ihr aus Dunst und Nebel um mich steigt;/Mein Busen fühlt sich jugendlich erschüttert/Vom Zauberhauch, der euren Zug umwittert» (1 ff.). Man muss kein Kenner sein des klassischen, nachitalienischen Goethe und seiner Aversionen gegen die romantischen Nacht-, Nebel- und Wahnregionen, um der *Zueignung* und mithin den 1808 erklingenden Eingangsversen des großen Dramas den immanenten Widerspruch des Autors gegen das folgende Geschehen anzuhören.

Vernehmbarer noch als in anderen poetischen Texten deutet Goethe in der *Zueignung* auf den Konfessionscharakter seiner

Dichtung hin, also auf ihren lebensgeschichtlichen Gehalt, wenn er den geisterhaften Aufzug der Figuren des Faustdramas verbindet mit offenkundig autobiographischen Bildern: «Ihr (die schwankenden Gestalten, Vf.) bringt mit euch die Bilder froher Tage,/Und manche liebe Schatten steigen auf;/Gleich einer alten, halbverklungnen Sage,/Kommt erste Lieb' und Freundschaft mit herauf;/Der Schmerz wird neu, es wiederholt die Klage/Des Lebens labyrinthisch irren Lauf» (9 ff.). Die *Zueignung* spricht dann auch die im Laufe der Jahrzehnte sich grundlegend verändernde Situation des Faustautors an. Schrieb er zunächst für einen vertrauten Freundeskreis, dem er die ältesten Bruchstücke des Dramas in den erwähnten Lesungen präsentierte, so hat er den persönlichen Kontakt zum Publikum längst verloren und überlässt seinen Text nunmehr einer anonymen Öffentlichkeit: «Sie hören nicht die folgenden Gesänge,/Die Seelen, denen ich die ersten sang;/Zerstoben ist das freundliche Gedränge,/Verklungen ach! der erste Widerklang./Mein Lied ertönt der unbekannten Menge,/Ihr Beifall selbst macht meinem Herzen bang» (17 ff.).

Vorspiel auf dem Theater Die gleiche Entfremdung des Autors von seinem Sujet zeigt auch die nächste ouvertürenhafte Szene. In einer kabaretthaften Konstellation versammelt das *Vorspiel auf dem Theater* einen Theaterdirektor, einen Theaterdichter und einen Schauspieler anlässlich der Aufführung eines Dramas, das allerdings erst noch geschrieben werden muss. Goethe, mit den divergierenden Interessen und Nöten im Theaterbetrieb aus eigener Weimarer Erfahrung wohlvertraut, lässt einen geschäftstüchtigen Direktor auf einen schöngeistigen, etwas neurotischen Poeten treffen. Der wehrt entnervt die Aufforderung des Patrons zur kurzfristigen Textproduktion ab, verweist auf den störungsanfälligen Zusammenhang von Inspiration und Dichtung und auf sein künstlerisches Ideal eines Werkganzen: «Oft wenn es erst durch Jahre durchgedrungen/Erscheint es in vollendeter Gestalt» (71 f.).

Auf solcherlei unberechenbare, allein der Inspiration geschuldete Gestaltwerdung des dringend benötigten Schauspiels mag sich der Direktor nicht einlassen. Er empfiehlt denn auch gleich die Stückelung des Schauspiels und den illusionslosen Abschied von der Idee des Ganzen eines Kunstwerks: «Gebt ihr ein Stück, so gebt es gleich in Stücken!/Solch ein Ragout es muß Euch glücken;/Leicht ist es vorgelegt, so leicht als ausgedacht./Was hilft's, wenn Ihr ein Ganzes dargebracht,/Das Publikum wird es Euch doch zerpflücken» (99 ff.). Eingedenk der endlosen Entstehungsgeschichte des Faustdramas lenkt der Zynismus des Theaterdirektors unseren Blick auf die Selbstironie Goethes, der doch seine Tragödie dem Publikum – freilich mitnichten «leicht» – stets nur «in Stücken» vorlegen konnte. Dabei gedieh der Text mit den Jahren und Jahrzehnten wohl auch zum Ganzen, nun aber absolut neuer, heterogener Art.

Zwischen den hochfliegenden Idealen des genialischen Dichters des *Vorspiels,* der allerdings noch keine einzige Zeile seines ambitionierten Werks geschrieben hat, und dem ungeduldigen Geschäftssinn des Theaterdirektors vermittelt die «lustige Person», ein Komödiant also, der endlich auf der Bühne agieren will. Auf dass er doch noch ein Schauspiel in die Hand bekommt, weist er dem Dichter einen vermeintlich praktischen Weg zum Text: «Und treibt die dicht'rischen Geschäfte,/Wie man ein Liebesabenteuer treibt» (159 f.). Vor allem das jugendliche Publikum werde bei Anwendung solch empfindsamer Produktionsweise unweigerlich in den Bann des Dichterworts gezogen: «Dann sammelt sich der Jugend schönste Blüte/Vor eurem Spiel und lauscht der Offenbarung,/Dann sauget jedes zärtliche Gemüte/Aus eurem Werk sich melanchol'sche Nahrung» (174 ff.). Abermals fließen in den Sarkasmus des *Vorspiels* die Erfahrungen des Faustautors mit seinem eigenen Drama ein. Hatte er sich doch als junger Dichter die tragische Thematik nach dem von der «lustigen Person» empfohlenen Liebesabenteuerprinzip selbst angeeignet und sich jenen unglücklichen Helden auserkoren, den die Tradition seit Beginn der Faustüberlieferung im 16. Jahrhundert als den Melancholiker kennt, der seinen Trübsinn auf denkbar radikalste Weise, in einem Teufelspakt nämlich, auslebt.

Mit der Huldigung jugendlicher Emotionalität ist zugleich

das Hauptproblem des Dichters im *Vorspiel* angesprochen, der offenbar selbst schon in jene Jahre gekommen ist, da die genialische Begeisterung als Inspirationsquelle zu versiegen droht. So fordert er denn auch trotzig die eigene leidenschaftstrunkene Jugendzeit zurück: «So gib mir auch die Zeiten wieder,/Da ich noch selbst im Werden war,/Da sich ein Quell gedrängter Lieder/Ununterbrochen neu gebar,/Da Nebel mir die Welt verhüllten,/(...)/Gib ungebändigt jene Triebe,/Das tiefe, schmerzenvolle Glück,/Des Hasses Kraft, die Macht der Liebe,/Gib meine Jugend mir zurück!» (184 ff.). In solchen Versen hat der Faustautor Goethe wohl die eigenen Schwierigkeiten mit seinem in fernen Jugendzeiten begonnenen Drama in ein tragikomisches Bild verwandelt, darin, wie bereits in der *Zueignung*, die pathetischen Jugendphantasien in «Nebel» verhüllt auftauchen.

Dem Theaterdirektor reißt ob des angegriffenen Nervenkostüms seines Hausautors der Geduldsfaden. Zur Überwindung von dessen notorischer Schreibhemmung gibt er jetzt kurz und bündig selbst Anweisungen für die rasche Verfertigung des dringend benötigten Bühnenstücks: «So schreitet in dem engen Bretterhaus/Den ganzen Kreis der Schöpfung aus,/Und wandelt mit bedächt'ger Schnelle/Vom Himmel durch die Welt zur Hölle» (239 ff.). Sofern man nach expliziten Bezügen des *Vorspiels* zu dem erst später anhebenden Drama Fausts sucht, so wird man dieselben ausschließlich in dem vom Theaterdirektor genannten atemberaubenden Niedergangsszenario «Vom Himmel durch die Welt zur Hölle» finden. Die Höllenfahrt, mit der Faust sein sündhaftes Treiben auf der Welt zu bezahlen hat, steht bereits seit den Faustbüchern des 16. Jahrhunderts auf dem Programm der entsprechenden Schauspiele. Vom Himmel ist dort allerdings nicht die Rede. Diesen überirdischen Spielort fügt erst Goethe dem traditionellen Handlungsschema neu hinzu, im *Prolog im Himmel* nämlich, der 1808 als drittes Präludium dem ersten Teil der Tragödie Fausts vorangestellt ist. Damit verbunden ist eine eminente Bedeutungserweiterung der alten Thematik. Nicht nur das Leben Fausts, sondern, wie es der Direktor des *Vorspiels* verlangt hat, der «ganze Kreis der Schöpfung» steht jetzt auf dem Spiel.

Prolog im Himmel So beginnt denn auch der *Prolog* mit einem Lob der Schöpfung, das die drei Erzengel anstimmen. Zunächst erklingt der Sonnengesang Raphaels, der die im Himmelslauf des Zentralgestirns zur Anschauung kommenden «unbegreiflich hohen Werke» der Schöpfung feiert. Gabriel und Michael fügen dem kosmologischen Hymnus im Blick auf die irdischen Wirkungen der im Sonnensystem geordneten Bewegungen der Gestirne ihre Strophen hinzu. Michael wendet sich unmittelbar an den Herrn der Schöpfung und bekennt, dass die Engel in der Betrachtung des Wechsels der Tageszeiten, des Lichts, der Meeresbewegungen und des Wetters sein Werk «verehren». Der «Anblick» der Phänomene des Kosmos der Natur, so die abschließende Botschaft des Gesangs, stiftet dem anschauenden Bewusstsein euphorisierende Kraft: «Der Anblick gibt den Engeln Stärke/Da keiner dich ergründen mag,/Und alle deine hohen Werke/Sind herrlich wie am ersten Tag» (267 ff.).

Die Gegenrede zum Hymnus auf die Kontemplation Welt übernimmt Mephisto, der hier im Gefolge von Raphael, Gabriel und Michael – bei einer, wie die Bühnenanweisung zu verstehen gibt, Versammlung der «himmlischen Heerscharen» vor dem «Herrn» – offenbar als ein Repräsentant der vom Schöpfer abgefallenen luziferischen Partei agiert, ohne dass freilich seine genaue Position im «Gesinde» (274) des Herrn deutlich würde. Als Argument gegen das Schöpfungslob der Erzengel führt Mephisto, den Herrn direkt ansprechend, die Situation des Menschen ins Feld: «Verzeih, ich kann nicht hohe Worte machen,/(...)/Von Sonn' und Welten weiß ich nichts zu sagen,/Ich sehe nur wie sich die Menschen plagen./Der kleine Gott der Welt bleibt stets von gleichem Schlag,/Und ist so wunderlich als wie am ersten Tag./Ein wenig besser würd' er leben,/Hätt'st du ihm nicht den Schein des Himmelslichts gegeben;/Er nennt's Vernunft und braucht's allein,/Nur tierischer als jedes Tier zu sein» (275 ff.). Mephistos Verse rufen zwei prominente Bezugspunkte der Geistesgeschichte auf: Leibniz' Theodizee und Lessings Faustkonzeption, die nun gerade als Apologie der menschlichen Vernunft angelegt war. Mephisto indessen verkehrt die Ideen der Aufklärung ins Gegenteil und nimmt nun ausgerechnet die Existenz des vernunftbegabten Menschen zum Anlass einer Fundamentalkritik an der in seinen Augen völlig missratenen Schöpfung.

Darüber entzündet sich der Disput zwischen dem Herrn und Mephisto: «DER HERR Hast du mir weiter nichts zu sagen?/Kommst du nur immer anzuklagen?/Ist auf der Erde ewig dir nichts recht?/MEPH. Nein, Herr! ich find' es dort, wie immer, herzlich schlecht./Die Menschen dauern mich in ihren Jammertagen,/Ich mag sogar die armen selbst nicht plagen./DER HERR Kennst du den Faust?/MEPH. Den Doktor?/DER HERR Meinen Knecht!» (294 ff.). Mit dem «Ankläger», dem Diabolos, und Faust als «Knecht» des Herrn ist als weiterer Bezugspunkt das biblische Buch Hiob angesprochen, eine bedeutungsschwere Anspielung, die das folgende Faustdrama in den Rang eines Welttheaters erhebt und ihm den metaphysischen Rahmen gibt. Nach dem Vorbild des Hiobbuches, in dem der Herr und der Diabolos die schwere Prüfung des frommen «Gottesknechts» verabreden – wird er seinen Gott verfluchen oder nicht, wenn er aus dem glücklichen Dasein ins tiefste Elend fällt? –, legen der Herr und Mephisto nun die Spielregeln fest für das dem *Prolog* sich anschließende Drama. Durch den Bibelbezug bringt Goethe seine Version der Faustgeschichte in beträchtliche Differenz zur literarischen Überlieferung, folgt doch der Faustgestalt von ihrem mythischen Beginn an und erst recht seit der *Historia* der skandalöse Ruf des Teufelsbündners, den maßlose Wiss- und Machtbegierde in den Abfall vom Glauben getrieben haben. Diesen «Doktor Faust» erhebt nun der Herr des *Prologs* von Goethes Drama in den Rang eines aufgrund seiner unverbrüchlichen Glaubenstreue von Gott Erwählten und rückt ihn an die Seite des in allen Nöten standhaft bleibenden Hiob.

Mephisto verhöhnt denn auch die gewagte Umdeutung der Faustfigur zum Gottesknecht: «Fürwahr! er dient Euch auf besondre Weise./(...)/Vom Himmel fordert er die schönsten Sterne,/Und von der Erde jede höchste Lust,/Und alle Näh' und alle Ferne/Befriedigt nicht die tiefbewegte Brust» (300 ff.). Die Verse machen den über alle Unterbrechungen der Arbeit am Faustmanuskript intakten Zusammenhang von Goethes Werk prägnant sichtbar. Denn auch Mephisto zeichnet schon an jenem von Goethe 1827 publizierten Charakterbild Fausts, das ihn aufgrund seiner befriedigungslosen, gegen die «allgemeinen Erdeschranken» rebellierenden Ruhelosigkeit eher zu einer modernen Figur qualifiziert und wohl kaum zum «Knecht» des Herrn. Der hält jedoch vollkommen gelassen an seiner Erwählung Fausts fest: «Wenn er mir jetzt auch nur verworren dient:/ So werd' ich ihn bald in die Klarheit führen» (308 f.).

Vollends deutlich tritt an dieser Stelle des Disputs zwischen dem Herrn und Mephisto der Bezug zum biblischen Text in den Blick. Darin nämlich verkündet der Diabolos, siegesgewiss den Ausgang der Geduldsprobe Hiobs vorwegnehmend, es werde dem Gottesknecht mit dem Aussprechen der größten Blasphemie, mit der Verfluchung des Herrn, der Geduldsfaden reißen, sobald das Unglück über ihn hereinbreche. Der Herr jedoch zweifelt nicht an der unverbrüchlichen Treue, die auch den leidenden Hiob an ihn binden werde – zu Recht, wie es das biblische Buch drastisch vorführt. Selbst in der größten Not wird Hiob die Geduld nicht verlieren und seinen Herrn nicht verfluchen.

Nicht weniger Vertrauen als der Herr des Hiobbuches setzt der Herr des Faustprologs in die Standhaftigkeit seines Knechts. Auf Mephistos Herausforderung, «Was wettet ihr? den sollt ihr noch verlieren,/Wenn ihr mir die Erlaubnis gebt/Ihn meine Straße sacht zu führen!» (312 ff.), gestattet der Herr des Dramas das Experiment und entgegnet souverän: «Nun gut, es sei dir überlassen!/Zieh diesen Geist von seinem Urquell ab,/Und führ' ihn, kannst du ihn erfassen,/Auf deinem Wege mit herab,/Und steh' beschämt, wenn du bekennen mußt:/Ein guter Mensch in seinem dunkeln Drange/Ist sich des rechten Weges wohl bewußt» (323 ff.). Worauf Mephisto salopp entgegnet: «Schon gut! nur dauert es nicht lange./Mir ist für meine Wette gar nicht bange» (330 f.). Tatsächlich stellt sich die Frage nach dem Grund der Zuversicht des Herrn. Ist es doch der Archetypus der modernen Ungeduld, der als solcher in den von Goethe längst publizierten Szenen des gotischen Zimmers in seiner notorisch befriedigungslosen Unruhe agierte, Faust also, der es nun ausgerechnet Hiob, dem archetypischen biblischen Helden der Geduld, gleichtun soll. Da könnte der Diabolos des Dramas womöglich leichtes Spiel haben.

Der Herr schließt den Disput jedoch mit einem Gedankengang ab, der wiederum Mephisto von vornherein auf verlorenen Posten stellen könnte. Demnach sind seine Operationen als Widersacher ihrerseits immer schon integriert in das große Schöpfungswerk und tragen gleichsam dialektisch zu seiner Vollendung bei. Die Verse des Herrn rufen abermals die Theodizee auf, die in ihrem Hauptargument auch dem Leiden und der Unzulänglichkeit der menschlichen Existenz Sinn verleiht, insofern es solche Negationen des Daseinssinns einbindet in die – freilich nur von höherer Warte, aus der Schöpferposition einsehbare – Sinnhaftigkeit des Welt- und Seinsganzen. Unter diesem Gesamthorizont muss auch der Diabolos, selbst in seiner Arbeit als Versucher, der die Menschen auf die Seite der Verneinung zieht, unter der Hand mitwirken an der Bestätigung des universell gültigen Sinns. Unerschüttert von allen Vorwürfen, lässt der Herr daher Mephisto wissen: «Du darfst auch da nur frei erscheinen;/Ich habe deines gleichen nie gehaßt./Von allen Geistern die verneinen/Ist mir der Schalk am wenigsten zur Last./Des Menschen Tätigkeit kann allzuleicht erschlaffen,/Er liebt sich bald die unbedingte Ruh;/Drum geb' ich gern ihm den Gesellen zu,/Der reizt und wirkt, und muß, als Teufel, schaffen» (336 ff.). Es steht zu erwarten, dass es Mephisto im Folgenden darauf anlegt, dem Zwang zur Mitwirkung an der Schöpfung zu entgehen, und dass er zu diesem Zweck versuchen wird, wie es sich für einen Diabolos nach dem Vorbild des Hiobbuches gehört, die Verbindung zwischen dem «Urquell» respektive dem Herrn und Fausts «Geist» zu lösen und dessen Bewusstsein vom «rechten Wege» im Kosmos der Schöpfung zu zerstören.

Zuletzt gibt der Herr dem ursprünglich biblisch-religiösen Bezug des Prologs eine allgemein philosophische Bedeutung, wenn er sich an die Erzengel wendet: «Doch ihr, die echten Göttersöhne,/Erfreut euch der lebendig reichen Schöne!/Das Werdende, das ewig wirkt und lebt,/Umfass' euch mit der Liebe holden Schranken,/Und was in schwankender Erscheinung schwebt,/

Befestiget mit dauernden Gedanken» (344 ff.). Noch markantere Züge gewinnt die Philosophie dieser Verse in einer früheren, in Goethes *Faust*-Manuskripten – den Paralipomena – überlieferten Textfassung, in der, gleichsam ontologisch, vom «Seyn des Seyns, das ewig lebt» die Rede ist (Bohnenkamp, 114), die sich nun «offensichtlich an Spinozas Definition Gottes als ‹causa efficiens› allen Seins und seiner Gleichung ‹Deus sive Natura› (...) als wirkend hervorbringender Natur» orientiert (Schöne 2017, 178).

Welchen Namen auch immer die «causa efficiens», die Bedingung also auch der menschlichen Existenz, trägt, so wird jede Art von Bedingtheit sowie das Sein überhaupt Mephistos Negation und die von ihr inspirierte Rebellion Fausts gegen die Daseinsbedingungen auf sich ziehen. In dem vollkommen unorthodoxen Horizont des *Prologs,* der Religion, Theologie und Philosophie verbindet, benennt jedoch die zugleich sehr weltliche Rede des Herrn an die «echten Göttersöhne» zwei Trümpfe aus dem Schöpfungsarsenal, die, so seine unanfechtbare Zuversicht, die Anschläge des Diabolos und den von ihm aufgeregten Verneinungsfuror in Fausts «tiefbewegter Brust» überstehen und Faust auf dem «rechten Wege» – innerhalb der «Erdeschranken» – halten werden: Schönheit und Liebe. Als Freude an der «lebendig reichen Schöne» der Welt und an den «holden Schranken» der Liebe werden die «Erdeschranken» womöglich eine euphorisierende Gestalt annehmen und solche Bindungsenergien freisetzen können, die Fausts Leiden am Dasein heilen und dann gar Lebenssinn und Lebensglück stiften.

2. *Der Tragödie Erster Teil*

Die große Lücke Wie wir es Goethes Briefen, seinen Tagebuchnotaten und den erhaltenen Faustmanuskripten entnehmen können, wurden jene Passagen, die dem Faustfragment von 1790 neu hinzugefügt und dann 1808 in *Faust I* publiziert wurden, in der Zeit zwischen 1797 und 1806 geschrieben. In einer um 1800 entstandenen Aufzeichnung zum Faustdrama fordert Goethe sich selbst dazu auf, die «Widersprüche» in seinem Text, «statt sie zu vereinigen disparater zu machen» (Bohnenkamp, 221). Schaut man in den zur selben Zeit zwischen Goethe und Schiller anschwellenden Briefwechsel über die Fausttragödie, so fallen insbesondere zwei Gegensatzpaare auf: zum einen der Widerspruch zwischen dem Goethes Faustbemühungen hartnäckig verbundenen Hang zum Fragmentarischen einerseits und einem intendierten Werkganzen andererseits. Schiller fordert unter Verweis auf eine einigende philosophische Idee das Werkganze. Goethe jedoch beharrt auf einer genuin bruchstückhaften Eigenart seiner Faustarbeit, «bei dem Ganzen», wie er Schiller entgegnet, «das immer ein Fragment» bleiben wird (MA 8.1, 364).

Verantwortlich für den Zerfall des Faustganzen in Fragmente scheint das zweite im Briefwechsel von Goethe und Schiller auffallende Gegensatzpaar zu sein, dasjenige nämlich zwischen Barbarei und Schönheit, deutschem Nebeldunst und mediterraner Klarheit, zwischen «nordischen Phantomen und südlichen Reminiszenzen», wie Goethe an Schiller schreibt (MA 8.1, 370). Die «südlichen Reminiszenzen» sind Goethes Italienerinnerungen und die «nordischen Phantome» sind die Legenden vom Doktor Faustus. Hinter den Faustwidersprüchen zeigt sich der für Goethes Denken um 1800 so typische Gegensatz von Klassik und Romantik. Eingedenk der unstillbaren Italiensehnsucht Goethes und seiner daraus hervorgehenden Klassikkonzeption ahnte Schiller, welche Gefahren aus diesem Widerspruch für die Vollendung des Dramas erwachsen mussten.

Wenn der «klassische Goethe» dann doch seinen Überdruss an den romantischen «nordischen Phantomen» überwinden und sich zur Weiterarbeit an der Tragödie seines «nicht-klassischen Faust» entschließen konnte (Keller, 217 ff.), so ist das Schillers hartnäckigem Drängen zu verdanken, wie es vor allem jene Korrespondenz zwischen den beiden sichtbar macht, die der von Goethe so genannten «großen Lücke» im alten Manuskript gilt (MA 8.1, 854). Die «große Lücke» reichte vom Abschluss des ersten Gesprächs zwischen Faust und Wagner bis zu dem im Fragmentdruck von 1790 noch völlig unvermittelt einsetzenden Dialog zwischen Faust und Mephisto, den Goethe in Italien dem Text hinzugefügt hatte. Geschuldet war die «große Lücke» den Schwierigkeiten, die Goethe mit der Einführung der Mephistofigur in die irdische Faustszenerie hatte. Goethe war ein Kind der Aufklärung, und kaum etwas erregte bei ihm größeren Verdruss als der Teufelsglaube und die Buß- und Sündentheologie der kirchlichen Orthodoxie. Etwa dreißig Jahre benötigte Goethe, ehe er in seinem um 1772 begonnenen Faustdrama jene Lücke geschlossen und Mephisto auf zeitgemäße Weise eingeführt hatte.

Giftflasche Den für das aufgeklärte Publikum des beginnenden 19. Jahrhunderts hoffnungslos antiquierten Teufel modernisiert Goethe, indem er aus dem archaischen Diabolos eine «Bewusstseinsdisposition» Fausts macht und Mephisto als «geistige Dimension» aus Fausts Melancholie hervorgehen lässt (Schmidt, 42 ff.; 122 ff.). Dieselbe steigern die der «großen Lücke» eingefügten Verse zunächst zu suizidalen Gedanken. Nach dem Abgang Wagners wieder alleine im gotischen Zimmer, breitet Faust seine Verzweiflung monologisch aus. «Daß ich mich recht als Zwerg empfinden sollte» (613), sei der einzige Zweck der Erscheinung des Erdgeistes gewesen. Seine «Phantasie» vermag zwar im «kühnen Flug» aufzusteigen zur Ahnung des Götterlebens (640), aber eben nur, um ihn «im irdischen Gewühle» (639) zum entfremdeten Dasein zu verurteilen: «Dem Herrlichsten, was auch der Geist empfangen,/Drängt immer fremd und fremder Stoff sich an» (634 f.). Geist und Stoff, Phantasie und Realität sind in Fausts Selbstwahrnehmung heillos voneinander getrennt. Der von Mephisto im *Prolog* beklagte Missgriff der Schöpfung, der die Menschen umtreibende «Schein des Himmelslichts», entfaltet jetzt offenbar seine peinigende Wirkung. Zwischen Göttertraum und Wurmexistenz droht Fausts Leben zerrissen zu werden: «Den Göttern gleich' ich nicht! Zu tief ist es gefühlt;/Dem Wurme gleich' ich, der den Staub durchwühlt» (652 f.).

Wenn er schon nicht teilhaben kann am göttlichen Sein, so entdeckt Faust – beim Anblick der Giftflasche im Regal – die Möglichkeit, der Natur, die sich «des Schleiers nicht berauben» lässt (673), in einer nihilistischen Revolte zu Leibe zu rücken. Eben noch als Wurm im Staube kriechend, sieht er sich erhoben zur heroischen Freiheit, das Sein ins Nichts zu verkehren. «Hier ist es Zeit, durch Taten zu beweisen,/Daß Mannes-Würde nicht der Götterhöhe weicht,/(...)/Zu diesem Schritt (zum tödlichen Schluck aus der Giftflasche, Vf.) sich heiter zu entschließen/Und wär' es mit Gefahr, in's Nichts dahin zu fließen» (712 ff.). Im letzten Moment, da Faust bereits die lebensgefährliche «Schale an den Mund» gesetzt hat (736 f.), endet die moderne Revolte des Nihilismus jedoch glimpflich bei «Glockenklang und Chorgesang» am Ostersonntagmorgen. Die aus der benachbarten Kirche herüberklingende Verkündigung der Erlösung vernehmend, bekennt Faust zwar: «Die Botschaft hör' ich wohl, allein mir fehlt der Glaube» (764 f.). Und doch muss er sich unwillkürlich der Rührung durch die «von Jugend auf» (769) vertrauten Gesänge überlassen: «O tönet fort ihr süßen Himmelslieder!/Die Träne quillt, die Erde hat mich wieder!» (783 f.).

***Vor dem Tor*: Osterspaziergang** So führt denn auch der folgende Osterspaziergang von Faust und Wagner nach der schreckensreichen Nacht im gotischen Zimmer erstmals hinaus ins Freie der aufblühenden Erde. Endlich öffnet sich einmal Fausts Blick für die Phänomene der Welt: «Vom Eise befreit sind Strom und Bäche/Durch des Frühlings holden, belebenden Blick;/Im Tale grünet Hoffnungs-Glück» (903 ff.). Die Szene zeigt die beiden Akademiker als Angehörige der Stadtbevölkerung, als wäre der Aufbruch aus ihren Studierstuben Teil einer allgemeinen gesellschaftlichen Bewegung, heraus «Aus niedriger Häuser dumpfen Gemächern,/Aus Handwerks- und Gewerbes-Banden,/Aus dem Druck von Giebeln und Dächern,/Aus der Straßen quetschender Enge» (923 ff.). Faust sieht der Sonntagsgesellschaft vor den Stadttoren sogar emanzipatorische Züge an, freilich aus der Distanz des beobachtenden Intellektuellen: «Hier ist des Volkes wahrer Himmel,/Zufrieden jauchzet groß und klein:/Hier bin ich Mensch, hier darf ich's sein» (938 ff.). Seine gesellschaftliche Isolation wird Faust dann ausgerechnet im «Volksgedräng» bewusst, da man ihm Dankadressen darbringt für medizinische

Heldentaten, die er und sein Vater während der zurückliegenden Pestepidemie vollbracht haben sollen. In Wirklichkeit, so gesteht er später Wagner, haben die beiden in dilettantischer Ahnungslosigkeit «Weit schlimmer als die Pest getobt./Ich habe selbst den Gift an Tausende gegeben,/Sie welkten hin, ich muß erleben/Daß man die frechen Mörder lobt» (1052 ff.). Die Erinnerung an die Vergeblichkeit seiner ärztlichen Tätigkeit – eine Erfahrung, die auch im Hintergrund der Hinwendung zur Magie stand – trübt Fausts Bewusstsein abermals ein und motiviert nun auch im freien Gelände seinen Fluchtdrang. Der untergehenden Sonne nachfliegend, so sein utopischer Wunsch, ließe sich das irdische «Meer des Irrtums» überwinden: «O daß kein Flügel mich vom Boden hebt,/Ihr nach und immer nach zu streben!» (1074 f.).

Der Flugwunsch verbindet die Modernität von Fausts Überdruss an den «Erdeschranken» mit seinem «Streben», mit jenem Charakteristikum seiner existentiellen Unruhe also, das erstmals in den römischen Texteinfügungen ins alte Manuskript genannt wurde und das dann insbesondere in den für *Faust I* neu konzipierten Textpassagen ins Auge fällt. Als Bewegungsdrang scheint das Streben hervorzugehen aus dem in Fausts Augen peinigend unüberwindlichen erkenntniskritischen Graben zwischen Geist und Körper, Phantasie und Realität. Als solches inspiriert das Streben auch Fausts futuristisch anmutende Astronautenphantasie: «Ich eile fort ihr (der Sonne, Vf.) ew'ges Licht zu trinken,/Vor mir den Tag, und hinter mir die Nacht,/Den Himmel über mir und unter mir die Wellen./Ein schöner Traum, indessen sie entweicht./Ach! zu des Geistes Flügeln wird so leicht/Kein körperlicher Flügel sich gesellen./Doch ist es jedem eingeboren,/Daß sein Gefühl hinauf und vorwärts dringt» (1086 ff.).

Wie alle anderen phantastischen Ideen, auszubrechen aus den «Erdeschranken», endet auch Fausts Luftfahrttraum in der Desillusion. Sogleich setzt wieder seine notorische Klage ein, mit ihrem typischen Schmerzenslaut «Ach», über die in einer unzulänglichen Körperlichkeit gefangene und dennoch stets «vorwärts dringende» Existenz. Gereizt durch Wagners einfältige Kommentare – «Ich hatte selbst oft grillenhafte Stunden,/ Doch solchen Trieb hab' ich noch nie empfunden» (1100f.) –, bekennt Faust die heillose Zerrissenheit seiner Persönlichkeit: «Zwei Seelen wohnen, ach! in meiner Brust,/Die eine will sich von der andern trennen;/Die eine hält, in derber Liebeslust,/Sich an die Welt mit klammernden Organen;/Die andre hebt gewaltsam sich vom Dust/Zu den Gefilden hoher Ahnen» (1112ff.). Wenn ihn doch nur hilfreiche «Geister» endlich «weg» aus der trostlosen Realität «zu neuem buntem Leben!» führten, ihn ein «Zaubermantel» in «fremde Länder» tragen könnte (1121ff.), so Fausts sehnsüchtiges Begehren, in das sich Visionen eines schwarzen Hundes mischen, der, einen «Feuerstrudel» (1154) oder gar «magisch leise Schlingen/Zu künft'gem Band» nach sich ziehend (1158f.), den beiden Spaziergängern immer näher kommt und schließlich als Pudel folgt.

***Studierzimmer:* Wette und Pakt** «Mit dem Pudel hereintretend» sehen wir Faust im nächsten Bild zurückkehren an seinen Marterort in der engen Gelehrtenstube. Es folgen die beiden *Studierzimmer*-Szenen, die man sicherlich zu den bedeutungsschwersten Textpassagen zählen wird, die Goethe in die «große Lücke» eingefügt hat, um solchermaßen dem Teufelspakt eine spezifisch moderne Fassung zu geben. Nachdem der ominöse schwarze Hund während Fausts Übersetzungsbemühungen um den Johannes-Prolog zunächst allerhand groteske Verwandlungen durchgemacht hat, tritt unter großer Rauchentwicklung Mephisto in Gestalt eines reisenden Studenten hinter dem Ofen vor – zu Fausts Verblüffung: «Das also war des Pudels Kern!/Ein fahrender Scolast? Der Casus macht mich lachen» (1323f.) – und führt sich im Sinne der psychologisierenden Modernisierung des Diabolos als Repräsentant eines geistiges Prinzips ein: «Ich bin der Geist der stets verneint!/Und das mit Recht; denn alles was entsteht/Ist wert daß es zu Grunde geht» (1338ff.).

Fausts vorerst biblisch-theologischen Identifikationsversuchen dieses Geistes als «Fliegengott, Verderber, Lügner» (1333) und mithin Beelzebub, Satanas und Diabolos weicht Mephisto aus in die Abstraktion des «Rätselwortes», er sei «Ein Teil von jener Kraft,/Die stets das Böse will und stets das Gute schafft» (1335 ff.), das er dann wiederum im Sinne des Negationsprinzips auslegt, demnach es «besser» sei, «daß nichts entstünde», und hinzufügt: «So ist denn alles, was ihr Sünde,/Zerstörung, kurz das Böse nennt,/Mein eigentliches Element» (1342 ff.). Auf das Feld jener Moderne geraten wir in solchen Versen, in denen der Schlachtruf der radikalen Aufklärung, Voltaires «Écrasez l'infâme», nachhallt. Zugleich kündigt sich in den hochbrisanten Studierzimmerszenen des Dramas schon die Gott-ist-tot-Parole der neuen Epoche und der «revolutionäre Bruch im Denken des 19. Jahrhunderts» an (Löwith 1988, 263–295). War die Kontroverse zwischen Mephisto und dem Herrn im *Prolog im Himmel* – nach dem Vorbild des Hiobbuches – noch auf den Gottesbezug, auf den «Urquell», den «rechten Weg» und das Bewusstsein des religiös gebundenen Menschen bezogen, so nimmt in den Studierzimmerszenen ein vom herkömmlichen Diabolos zum profanen Fundamentalverneiner fortgeschrittener Mephisto die Negation des Seins überhaupt in Angriff. Als «Außer- und Anti-Kosmischer» entzieht er sich der Theodizee des *Prologs,* die ihm als mitschaffendem Teufel einen Platz in der prästabilierten Harmonie zuwies (Seidlin, 172). Nach der Umwertung der Werte also gilt Mephistos neues «Recht»: Dann ist alles Daseiende «wert, daß es zu Grunde geht», auf dass das nunmehr «Bessere» und Wahre, das Nichts nämlich, entstehen kann.

Die Entstehung des Nichts hat in Mephistos Selbstpräsentation ihre eigene Mythologie und tritt als Anti-Genesis in Konkurrenz zur biblischen Schöpfungsgeschichte: «Ich bin ein Teil des Teils, der Anfangs alles war,/Ein Teil der Finsternis, die sich das Licht gebar,/Das stolze Licht, das nun der Mutter Nacht/Den alten Rang, den Raum ihr streitig macht,/Und doch gelingt's ihm nicht, da es, so viel es strebt,/Verhaftet an den Körpern klebt» (1349 ff.). Wie die Philosophen des zeitgenössischen Materialismus kennt auch Mephisto keine Unterscheidung mehr zwischen Geist und Materie, sondern nur noch Körper und Körperfunktionen. Scheinbar dahinterliegende Prinzipien der Religion, Metaphysik und der herkömmlichen Moral sind als

Vorurteil zu durchschauen und, da sie wie das Licht an den Körpern «kleben», der Radikalnegation zugänglich, auf die es Mephisto abgesehen hat: «Von Körpern strömt's (das Licht, Vf.), die Körper macht es schön,/Ein Körper hemmt's auf seinem Gange,/So, hoff' ich, dauerst es nicht lange/Und mit den Körpern wird's zu Grunde gehn» (1355 ff.). Mephistos Negationen überbieten allerdings noch die radikale Überlieferungskritik der materialistischen Aufklärung. Die daseiende Welt insgesamt soll «zu Grunde gehn». So zeigt sich, dass die in die «große Lücke» eingetragenen Studierzimmerverse die im *Prolog* nur angedeutete ontologische Säkularisierung der ursprünglich theologischen Faustthematik fortsetzen. Am «Seyn des Seyns, das ewig lebt» gedenkt Mephisto sich abzuarbeiten. Er berichtet Faust über die Schwierigkeiten, den Weltnegationsplan auch auszuführen: «Was sich dem Nichts entgegenstellt,/Das Etwas, diese plumpe Welt,/So viel als ich schon unternommen,/Ich wußte nicht ihr beizukommen,/(...)/Hätt' ich mir nicht die Flamme vorbehalten:/Ich hätte nichts Apart's für mich» (1363 ff.).

Mephistos Hymnen auf das Nichts können ihre Verlockung entfalten, weil sie anschließen bei Fausts suizidaler Revolution des Nihilismus, da er doch selbst am Ende seiner verzweiflungsvollen Nacht im gotischen Zimmer den Entschluss gefasst hatte, «ins Nichts dahinzufließen». In nicht zu überbietender Raffinesse legt Mephisto daraufhin die Schlinge. Scheinbar in die alte Welt der Teufelslegende von Alchemie und «Drudenfuß» zurückfallend (1395), erweckt er den Eindruck, in die Abhängigkeit Fausts geraten und in dessen Studierzimmer gefangen zu sein. Der Versuchung, über den Diabolos – über seine Negationskraft – verfügen zu können, erliegt Faust sofort. Seine Freude über den diabolischen Fang kann er kaum verbergen: «Das hat der Zufall gut getroffen!/Und mein Gefangner wärst denn du?/Das ist von ohngefähr gelungen!» (1403 ff.). Der Triumph der diabolischen Strategie ist in dem Augenblick perfekt, da Faust seinerseits den Teufelspakt vorschlägt: «Die Hölle selbst hat ihre Rechte?/Das find' ich gut, da ließe sich ein Pakt,/Und sicher wohl, mit euch ihr Herren schließen?» (1413 ff.).

Selbstredend sehr gerne erklärt sich Mephisto bereit, seinem neuen Herrn zu dienen, «Doch mit Bedingnis, dir die Zeit/Durch meine Künste, würdig zu vertreiben» (1432f.). Die Zeit zu vertreiben, ist seit jeher die Aufgabe des Versuchers in der tragischen Geschichte des Doktor Faust, die von Beginn ihrer Überlieferung an ein Drama der Zeit, der Zeitwahrnehmung und Zeitverdrängung sowie des panischen Empfindens der fliehenden Lebenszeit ist. Zugleich jedoch zeigen die philosophischen Schlüsselbegriffe des Disputs zwischen Faust und Mephisto – das Sein, die Zeit und das Nichts – Goethes Verwandlung der historischen Vorlage in eine spezifisch moderne Tragödie an. Mephisto, mitnichten in die Abhängigkeit Fausts geraten, wiegt diesen in den Schlaf und verschwindet. Wenn er in der folgenden zweiten Studierzimmerszene auf die Bühne zurückkehrt, zeigt sich vielmehr die Abhängigkeit Fausts, der in einem dressurartigen Wortwechsel Mephisto gleich dreimal hereinbitten muss.

Unwillkürlich längst im Banne der mephistophelischen Seinsnegation, übernimmt Faust nun selbst die Rolle des Anklägers, der gegen die «plumpe Welt» und die erniedrigenden Daseinsbedingungen protestiert: «Nur mit Entsetzen wach' ich Morgens auf,/Ich möchte bittre Tränen weinen,/Den Tag zu sehn, der mir in seinem Lauf/Nicht Einen Wunsch erfüllen wird, nicht Einen,/Der selbst die Ahnung jeder Lust/Mit eigensinnigem Krittel mindert,/Die Schöpfung meiner regen Brust/Mit tausend Lebensfratzen hindert./Auch muß ich, wenn die Nacht sich niedersenkt,/Mich ängstlich auf das Lager strecken;/Auch da wird keine Rast geschenkt,/Mich werden wilde Träume schrecken» (1554ff.).

Abermals erkennen wir in diesen Versen die Leitidee Goethes, Fausts Gesinnung zu einer Analogie der Moderne zu gestalten, insofern der Ruhelose hier gleichsam als empörter Angehöriger der um 1800 die intellektuelle Debatte dominierenden, idealistischen Generation agiert und sich bitter darüber beschwert, dass die Lebenswirklichkeit seinen hochfliegenden Systementwürfen – den «Schöpfungen seiner Brust» – partout nicht gehorchen will. Gerade den Gedankengebäuden der absoluten Philosophie und der Universalpoesie jedoch stand Goethe äußerst reserviert gegenüber, daher denn solche «Inkorporationen» der geistigen Situation der Zeit in den Tragödientext (Boyle 1987, 18) zugleich den Blick lenken auf Goethes italienische Neukonzeption des Dramas, die den Bewohner des gotischen Zimmers zum Widersacher machte von Goethes Klassikerlebnis in der «großen Schule» Roms, in der nun gerade der Ausgleich von Wunsch und Wirklichkeit und mithin die Kritik der Prätentionen eines sich absolut setzenden Bewusstseins gelehrt wurden.

Dass erst recht während der Arbeit an der «großen Lücke» die vom Faustautor ausgerufene Arbeitshypothese, die «Widersprüche disparater» zu machen, im Gesamtzusammenhang der «großen Konfession» zur Anwendung kam, wird auf drastische Manier deutlich, wenn man der Depression Fausts die Daseinseuphorie des Italienwanderers Goethe gegenüberstellt, der auf der Alpensüdseite ausruft: «da fühlt man sich doch einmal in der Welt zu Hause und nicht wie geborgt oder im Exil» (MA 15, 26), in Venedig begeistert feststellt: «Ein köstlicher Tag, vom Morgen bis in die Nacht!» (MA 15, 105), am Meeresstrand die Wahrheit des Seins feiert: «Was ist doch ein Lebendiges für ein köstliches, herrliches Ding! (...) wie wahr, wie seiend!» (MA 15, 108), und über das befreiende Umfeld seiner römischen Wiedergeburt mitteilt: «Vor meinem Fenster liegt ein Paradies» (MA 15, 625).

Zahllos sind die euphorischen Notate des Italienwanderers, die sich Fausts trostlosem Befund der peinigenden Lebensfratzen entgegensetzen ließen. Faust nämlich statuiert den unaufhebbaren polemischen Gegensatz zwischen Selbst und Welt. Niemals ist er zu Hause im Dasein, nie ist der erkenntniskritische Graben zwischen Subjektivität und Objektivität zu überwinden, niemals finden Innen und Außen zueinander, alle Existenzverhältnisse sind falsch. Faust lebt gleichsam permanent in der Verbannung, aus der nur noch der Todeswunsch herauszuführen vermag: «Der Gott, der mir im Busen wohnt,/Kann tief mein Innerstes erregen;/Der über allen meinen Kräften thront,/ Er kann nach außen nichts bewegen;/Und so ist mir das Dasein eine Last,/Der Tod erwünscht, das Leben mir verhaßt» (1566ff.). Goethes Faust protestiert, im Unterschied zum Doktor Faust der alten Faustlegende, nicht mehr gegen das Dasein Gottes – er kennt nur noch die eigene göttliche Subjektivität, den Gott in seinem Busen –, sondern er protestiert gegen die Realität als solche und gegen das Dasein der Welt.

Die Radikalität von Fausts Gesinnung gewinnt erst recht Prägnanz, wenn Goethe in der zweiten Studierzimmerszene den Bezug zum Hiobexperiment des Prologs herstellt (Jaeger 2014, 299 ff.). Dieser Konstellation folgend, steigert der als Geist der Fundamentalnegation aktualisierte Diabolos den Lebenshass Fausts noch, indem er sich als Mitwisser des abgebrochenen Suizidversuchs zu erkennen gibt: «Und doch hat Jemand einen braunen Saft,/In jener Nacht, nicht ausgetrunken» (1579 f.). Die wohlkalkulierte Beleidigung von Fausts hochpathetischem Selbstbewusstsein führt sogleich ans diabolische Ziel. Verliert der Gottesknecht Hiob aufgrund des über ihn kommenden Leids nur vorübergehend das Vertrauen zu seinem Gott, mit dem er freilich zu keinem Zeitpunkt fluchend bricht und zu dem er versöhnt den Weg zurückfindet, so katapultiert sich Faust in der von Goethe ins Studierzimmer verlegten modernen Version der biblischen Geduldsprobe aus allem Weltvertrauen heraus und verflucht das Dasein in den «Erdeschranken» als ausweglose Disposition zur Lebens- und Erkenntnisverfehlung: «So fluch' ich allem was die Seele/Mit Lock- und Gaukelwerk umspannt,/Und sie in diese Trauerhöhle/Mit Blend- und Schmeichelkräften bannt!/(...)/Verflucht das Blenden der Erscheinung,/Die sich an unsre Sinne drängt!» (1587 ff.). Seine Abrechnung mit den Existenzbedingungen mündet in den prinzipiellen Fluch auf die christlichen Kardinaltugenden im Besonderen und auf den Versöhnungsgedanken der Religion im Allgemeinen: «Fluch jener höchsten Liebeshuld!/Fluch sei der Hoffnung, Fluch dem Glauben,/Und Fluch vor allen der Geduld!» (1604 ff.).

Den Glauben an einen Gott hat Faust längst verloren; er verflucht die Geduld als Grundprinzip jeglicher «religio». In Abweichung zur alten Legende vom Teufelsbündner schließt er mit Mephisto dann auch keinen Kaufvertrag ab – eine unsterbliche Seele hat er nicht mehr zu veräußern –, sondern er geht eine Wette ein. Die Wette macht aus Fausts Ungeduld ein neues

Lebensprinzip. Er wettet, dass es fortan keinen Augenblick des Ruhig- und Zufriedenseins mehr geben wird: «FAUST Werd' ich beruhigt je mich auf ein Faulbett legen:/So sei es gleich um mich getan!/Kannst du mich schmeichelnd je belügen,/Daß ich mir selbst gefallen mag,/Kannst du mich mit Genuß betrügen:/Das sei für mich der letzte Tag!/Die Wette biet' ich! MEPH. Topp!» (1692 ff.).

Der Wette fügt Faust noch eine den Bewegungszwang radikalisierende Bestimmung hinzu, die das Verweilen als solches verbietet: «Werd' ich zum Augenblicke sagen:/Verweile doch! du bist so schön!/Dann magst du mich in Fesseln schlagen,/Dann will ich gern zu Grunde gehn!/Dann mag die Totenglocke schallen,/Dann bist du deines Dienstes frei,/(...)/Es sei die Zeit für mich vorbei!» (1698 ff.).

Was danach geschieht, ob Himmel oder Hölle, die Transzendenz oder das schiere Nichts auf ihn warten, das ist Faust völlig gleichgültig. Sobald er einen Augenblick innehält in der permanenten Bewegung, will er seine Freiheit und seine Existenz verlieren: «Wie ich beharre bin ich Knecht» (1710). Offenkundig folgt Goethe bei der Neugestaltung des Pakts zwischen Faust und Mephisto der Maxime, die Geschichte des legendären Ungeduldigen als Analogie der Moderne neu zu schreiben, und macht Faust nun gerade in den Versen der Wette zum Archetypus der Bewusstseinsdisposition jener Epoche, die zu Goethes Zeiten anhebt und im Zeichen von zwei Phänomenen des Traditionsbruchs steht: der mit der Französischen Revolution beginnenden permanenten politischen Revolution und der mit dem Maschinenwesen des Industrialismus Anfang des 19. Jahrhunderts anhebenden permanenten ökonomischen Revolution der Lebensverhältnisse. Für die politische wie für die ökonomische Revolution ist das Prinzip der Negation konstitutiv. Das ist evident im Blick auf die revolutionäre Politik, die den gegenwärtigen Zustand stets verneint, weil sie ihn als korrupt und als Todfeind schuldig spricht. Das Negationsprinzip gilt aber zugleich für die ökonomische Revolution, die jedem Produkt gegenüber auftritt als Geist, der stets verneint. Denn alles, was produziert wird und auf den Markt kommt, ist wert, dass es gleich wieder zugrunde geht, auf dass der ökonomische Prozess nicht zum Stillstand kommt und Produktion, Gewinne und Wohlstand wachsen.

In denkbar drastischer Manier realisiert der Pariser Revolutionsprozess gegen den König und dessen Hinrichtung 1793 – von Goethe als menetekelhafter Bruch der europäischen Überlieferung angesehen – die Prozessidee der modernen Geschichtsphilosophie: «Die Weltgeschichte ist das Weltgericht», und die Revolution vollstreckt den Gerichtsprozess. Dieses Prozessmodell säkularisiert den biblischen Gedanken des Gottesgerichts, die Geschichte selbst vollzieht sich jetzt als ein profaner Prozess, dessen Urteilssprüche die Weltentwicklung im Sinne des Fortschritts vorantreiben. Der revolutionäre Prozess ist im doppelten Wortsinn zu verstehen, als Gerichtsprozess sowie als zielgerichtete Bewegung, und die Bewegung gewinnt umso größere Geschwindigkeit, je radikaler die Verurteilung des jeweils gegenwärtigen «Augenblicks» ausfällt. In dieser prozessualen Grundbestimmung der geschichtlichen Zeit wird man – mit Karl Löwith und Reinhart Koselleck – die geschichtsphilosophische Signatur der Moderne erkennen (Koselleck, 1–9; Löwith 1983, 11–30). Dieser Signatur der Moderne, dem Prozessdenken also, verleiht Goethe in der Wette zwischen Faust und Mephisto einen abstrakten Ausdruck. Wie Faust, so fürchten auch die politischen und ökonomischen Revolutionäre das Verweilen. Niemals werden sie zum Augenblick, zu einem Zustand, zu einem Produkt sagen, «du bist so schön» und «ich bin mit dir zufrieden», haben sie doch stets das verlockende Andere, Noch-nicht-Daseiende im Blick, was dann aber, sobald es da ist, auch gleich wieder verneint wird. Negation und Innovation der politischen und ökonomischen Revolution folgen einander ad infinitum.

«Immer vorwärts», so lautet seit der italienischen Neukonzeption die epochentypische Fortschrittsparole im Faustdrama, weshalb denn auch dessen ruheloser Protagonist bis in die jüngere Vergangenheit als vorbildlicher Repräsentant des modernen Fortschrittsmodells gefeiert wurde, und dies systemübergreifend, ganz gleichgültig, ob die profane Erlösung kapitalistisch oder sozialistisch herbeigeführt werden sollte. Indessen blieben die Bilder des Fortschrittsheroen Faust unbehelligt von den zeitkritischen Zwischentönen in Goethes Text. Sie werden vernehmbar, wenn sich Fausts ursprünglicher Forscherdrang in Wissensekel und sein sprichwörtliches Streben in einen unstillbaren Hunger verwandeln, jede Realität durch eine andere Wirklichkeit zu ersetzen. Nach der archaischen Unterzeichnung des Pakts «mit einem Tröpfchen Blut» (1737) überlässt sich Faust der modernen Bewegungsfaszination und versichert Mephisto: «Nur keine Furcht, daß ich dies Bündnis breche!/Das Streben meiner ganzen Kraft/Ist g'rade das was ich verspreche./(...)/Vor mir verschließt sich die Natur./Des Denkens Faden ist zerrissen,/Mir ekelt lange vor allem Wissen./Laß in den Tiefen der Sinnlichkeit/Uns glühende Leidenschaften stillen!/(...)/Stürzen wir uns in das Rauschen der Zeit,/Ins Rollen der Begebenheit!» (1741 ff.).

Was aber zeigt sich als todeswürdiger Frevel in der Perspektive von Fausts bewegungstrunkener Revolution? Fausts Negation zielt auf die Verbindung von Schönsein und Verweilen, auf das «Verweile doch! du bist so schön!» Schönheit ist in diesem – eigentlich an die flehentliche Bitte eines Verliebten gemahnenden – Ausruf ein Synonym für Ruhe und stillgestellte Leidenschaften, für die stille Größe des autonomen Bewusstseins. Für einen Moment leuchtet in Fausts Versen die klassische Lehre Winckelmanns auf, der das Schönsein mit dem Still- und Ruhigsein in eins setzt. Und dieses klassische Ideal – seit Italien Goethes Ideal! – des glücklichen Verweilens im Angesicht des Schönen, ist, so wie es in Fausts polemische Formulierung der Wette hineingerät, deutlich als Gegenposition zur Bewegungsdoktrin der Moderne und zur modernen Faszination der «glühenden» Leidenschaften zu erkennen. Wie ein «Anti-Faust» kommt Goethes Winckelmann-Bild ins Blickfeld (Schings 2011, 375) und mit ihm jene ins Revolutionszeitalter übertragene Querelle des anciens et des modernes. In der «großen Konfession» tritt als dezidierter Anti-Faust dann aber auch insbesondere der Italienwanderer Goethe in Erscheinung, der angesichts der mediterranen Natur und der klassischen Kunstwerke Tag für Tag die schönen Augenblicke unter der Sonne des Südens besingt. Vor allem in der dramatischen Ausgestaltung dieses Kontrasts wird Goethe während der folgenden Jahrzehnte seine Selbstverpflichtung als Faustautor erfüllen, die «Widersprüche disparater» zu machen zwischen Ruhe und Bewegung, Reflexion und Aktion, zuletzt zwischen Weltbetrachtung und Weltrevolution und mithin jenen revolutionären Bruch abbilden, der durch die Epoche und durch sein eigenes Leben geht.

Walpurgisnacht Es schließen sich 1808 in *Faust I* jene z.T. überarbeiteten und umgruppierten Szenen an, die dem Publikum bereits aus dem Fragmentdruck von 1790 bekannt waren. Nach dem Auftritt des Schülers also öffnet sich für Faust endlich der Ausweg aus dem Studierzimmer. Unter Mephistos Leitung führt der Handlungsgang durch *Auerbachs Keller* und die *Hexenküche* in die Tragödie Margaretes. Ihr Trauerspiel jedoch erscheint 1808 mit markanten Veränderungen, deren auffälligste die Einfügung der Szene *Walpurgisnacht* ist. Nach Margaretes Zusammenbruch im Dom (mit dem das Faustfragment endete) sehen wir jetzt Faust im Schlepptau Mephistos durch Wald und Nebel den Brocken im Harzgebirge besteigen, wo sich der Legende nach in der Nacht zum 1. Mai Hexen und Hexenmeister zu einem ekstatischen Fest versammeln. Die sagenhaften Motive bilden den Hintergrund für Mephistos Plan, Faust in die Welt der entfesselten Sexualität zu entführen. Es ist das Reich des Obszönen, das seine Attraktion aus jener theologischen Verteufelung des Sexus gewinnt, die in der – vom Faustautor offenbar eingehend studierten – kirchlichen Ketzerliteratur drastisch ausgemalt wird. Gerade weil also die Sexualität in der Sündentheologie tabuisiert wird, vermag sie Mephisto als ultimative Verlockung auszuspielen.

In literaturgeschichtlicher Perspektive wird man die *Walpurgisnacht* als Goethes Ausflug in die schwärzeste Romantik ansehen, in der bereits die «Blumen des Bösen» einer Ästhetik des Obszönen und Schrecklichen sprießen. Offenbar hatte Goethe sogar eine viel ausführlichere Darstellung des orgiastischen Treibens vorgesehen, dann aber in einem Akt der «Selbstzensur» darauf verzichtet (Schöne 2017, 120). Statt der ursprünglich geplanten Satansmesse, in der als Gegenbild zum Prolog auf dem Brockengipfel der Kult des Bösen gefeiert worden wäre, ist Faust im allgemeinen Sinnenrausch – «Man tanzt, man schwatzt, man kocht, man trinkt, man liebt» (4058) – immerhin beim Tanz mit einer «Jungen», «Schönen», einer Hexe, zu sehen, der er sich aber noch vor der walpurgisnachthaft-wilden Vereinigung wieder entzieht, weil er eine Vision der unterdessen eingekerkerten, leichenblassen Margarete hat: «es sind die Augen einer Toten,/Die eine liebende Hand nicht schloß./Das ist die Brust, die Gretchen mir geboten,/Das ist der süße Leib, den ich genoß» (4195 ff.).

Dass Faust nicht im Einverständnis mit dem mephistophelischen Sinnenrausch sich selbst und die Wette verliert, ist also der Erinnerung an Margarete zu verdanken. Nach dem Intermezzo des *Walpurgisnachtstraums*, einem typischen Beispiel für Goethes bruchstückhafte Arbeit am Tragödientext, schließt sich die Szene *Trüber Tag. Feld* an, in der Faust von Mephisto die Befreiung Margaretes aus dem Kerker verlangt. Goethe kehrt also 1808 in *Faust I* zurück zur ausführlichen Version der Tragödie Margaretes, wie sie schon die *Frühe Fassung (Urfaust)* enthielt. Indessen mildert er jetzt die drastische Schilderung des Elends der «Kindsmörderin» ab und übersetzt die schreckensreiche Prosa der Kerkerszene des alten Manuskripts in Verse. Auf Mephistos lakonische Feststellung «Sie ist gerichtet!» antwortet nun eine «Stimme von oben» mit den Worten «Ist gerettet!» (4611), ehe Faust und Mephisto verschwinden und der erste Tragödienteil mit den im Kerker verhallenden Hilferufen Margaretes endet.

VI. 1827: *Helena – Zwischenspiel zu Faust* (1833: 3. Akt von *Faust II*)

Während der folgenden zwanzig Jahre verstummte Goethe als Faustautor. Als er sich 1827 zurückmeldete beim Publikum, präsentierte er mitnichten den vollendeten zweiten Tragödienteil, sondern unter dem Titel *Helena. Klassisch-romantische Phantasmagorie* ein separat gedrucktes *Zwischenspiel zu Faust.* Der kurze Ankündigungstext dazu enthält jene uns bereits bekannten Worte Goethes über die Modernität von Fausts Gesinnung und dessen Unfähigkeit, es in den «Erdeschranken» auszuhalten. Des Weiteren ist die kleine Ankündigung ein drastisches Beispiel für die skurrile Geheimniskrämerei, die Goethe ein Leben lang um seinen *Faust* betrieben hat. Die bislang verborgene «Bearbeitung eines zweiten Teils» gedenke er nun «fragmentarisch» (!) ans Licht zu ziehen und, in Gestalt jener *Phantasmagorie,* zunächst ein «in den zweiten Teil des Faust einzupassendes, in sich abgeschlossenes kleineres Drama» mitzuteilen, darin Faust, wie es bereits die «alte Legende» vorsehe, der «schönen Helena» begegne. Wie es freilich den «magischen Gesellen» (!) Faust und Mephisto geglückt sei, «die eigentliche Helena persönlich aus dem Orcus in's Leben heraufzuführen, bleibe vor der Hand noch unausgesprochen», wie denn auch «vorläufig» die «große Kluft zwischen dem bekannten jammervollen Abschluß des ersten Teils und dem Eintritt einer griechischen Heldenfrau nicht überbrückt» sei. Immerhin lässt Goethe das Publikum noch wissen, dass die «Bearbeitung eines zweiten Teils sich notwendig aus der bisherigen kümmerlichen Sphäre ganz erheben» werde und Faust «in höheren Regionen durch würdigere Verhältnisse durchführen» werde (WA I 41.2, 291 f.). – Als 1833, nach Goethes Tod, jener zweite Teil der Tragödie endlich vollständig erschien, war aus dem *Zwischenspiel* – ohne den Titel des separaten Drucks, ansonsten aber textidentisch – der 3. Akt von *Faust II* geworden.

1827 jedoch springt der Autor des *Zwischenspiels* unvermittelt von den herzzerreißenden Bildern Margaretes im Kerker in die homerische Welt, da nach dem Ende des Trojanischen Krieges der spartanische König Menelaos nach Griechenland zurückkehrt mit seiner Gattin Helena, deren Entführung durch Paris den endlosen Streit ausgelöst hatte. *Vor dem Palaste des Menelas zu Sparta* hören wir Helena im klassischen Hexameter sprechen: «Bewundert viel und viel gescholten Helena/Vom Strande komm' ich wo wir erst gelandet sind,/Noch immer trunken von des Gewoges regsamem/Geschaukel» (8488 ff.). Menelas hat Helena vorgeschickt zum Palast. Dort möge sie alles vorbereiten für eine Opferzeremonie, ohne ihr allerdings mitzuteilen, welche Opfertiere den Göttern dargebracht werden sollen.

Das düstere Rätsel gibt Mephisto die Möglichkeit, als «Geist, der stets verneint», sogar auf klassischem Terrain aufzutreten. Eigentlich machtlos in den vom Teufelsglauben noch unberührten Gefilden, versucht er nun auch in Griechenland, sein großes Negationsprojekt voranzutreiben. Hier agiert er in der Rolle einer Palastdienerin hinter der Maske der ultimativ hässlichen Phorkyas – einer antiken Sagengestalt mit einem Zahn und einem Auge – als «Widerdämon» Helenas (9072) und der von ihr verkörperten klassischen Idee vollkommener Schönheit. «Königin, du bist gemeint!» (8924), so Mephistos Auflösung der bangen Frage nach dem Opfertier des scheußlichen Rituals, bei dem, wie es die diabolische Vision will, Menelas seine Eifersucht zu befriedigen gedenkt, die sich ob des – auch aus trojanischen Tagen kolportierten – intensiven Liebeslebens seiner attraktiven Ehefrau angestaut habe. Helenas Haupt werde unter dem Opferbeil fallen, und auch den sie begleitenden Chorfrauen sagt Mephisto die Rache des gekränkten Manns voraus: «am hohen Balken drinnen, der des Daches Giebel trägt,/Wie im Vogelfang die Drosseln, zappelt ihr der Reihe nach» (8928 f.).

Nach der Ankündigung des in Menelas' Palast bevorstehenden schauerlichen Blutopfers bietet Mephisto Helena und ihren verängstigten Begleiterinnen eine in Spartas Nachbarschaft gelegene, mittelalterlich anmutende Burg als Rettungsort an. Dort könnten sie sich unter den Schutz eines «aus cimmerischer Nacht» (9000) – aus dem Norden also, wo in griechischer Perspektive die «Barbaren» hausen – übergesiedelten «Herrn» begeben, «ein munterer, kecker, wohlgebildeter» und «verständ'ger Mann», wie Mephisto zu berichten weiß (9010f.). Helena geht auf das Hilfsangebot dankbar ein, womit nach einem weiteren kühnen Sprung durch die Geschichtsepochen die «klassisch-romantische Phantasmagorie» beginnt. Im Kostüm eines deutschen Ritters nämlich, der sich zur Zeit der Kreuzzüge auf dem Peloponnes niedergelassen haben mag, mithin zugleich eine für die Romantik zu Goethes Zeiten typische Mittelalterphantasie verkörpernd, nimmt Faust auf seiner Burg Helena und ihr Gefolge in Empfang. So kann die Begegnung von Klassik und Romantik, «südlichen Reminiszenzen» und «nordischen Phantomen» anheben, wenn Helena, das klassische Schönheitsideal der Antike verkörpernd, und Faust, die Analogie der Moderne repräsentierend, im Burghof sich nahekommen.

Die folgenden Bilder machen erneut die kritische Distanz Goethes zur geschichtsphilosophischen Prozessidee der Moderne sichtbar. Denn die in dem *Zwischenspiel* als Konfrontation zwischen klassischem und modernem Zeit- und Geschichtsdenken aktualisierte Querelle des anciens et des modernes versöhnt Goethe, indem er in subtil-ironischer Manier Faust neben Helena die moderne Position, den Protest gegen die «allgemeinen Erdeschranken» und das entsprechende Zeiterleben, aufgeben lässt. Griechenland erweist sich als gleichsam exterritoriale Zone im Drama der Moderne, darin Fausts Wette, die Negation des Augenblicks, nicht gilt. Denn hier führt Helena Faust ein in das «spirituelle Exerzitium» der klassischen Philosophie, die unhintergehbare Bedeutung des vergänglichen Seins in der Konzentration – in der bewussten Beschränkung! – auf den Augenblick zu erkennen (Hadot, 27ff.). In Helenas Gesellschaft ist es sogar Faust selbst, der den Blick öffnet auf den absoluten Wert des augenblicklich Daseienden: «FAUST Nun schaut der Geist nicht vorwärts nicht zurück,/Die Gegenwart allein –/HELENA Ist unser Glück» (9381f.). Eingedenk der kategorischen Gegenwartsnegation Fausts im ersten Tragödienteil, da er sich doch dem «Taumel» weihen, ins «Rauschen der Zeit» und «ins Rollen der Begebenheit» stürzen wollte, um seinen Ekel vor der betrügerischen Wirklichkeit loszuwerden, mochten die Leser des *Zwischenspiels* ihren Augen und Ohren nicht trauen bei Fausts – an Goethes Italieneuphorie gemahnenden – Hymnus auf die Wahrheit und Wirklichkeit seines Welterlebnisses. Stellt doch der in Arkadien neben Helena gültige Satz, «die Gegenwart allein ist unser Glück», den Widerruf des Pakts und der faustischen Prozessregel dar, nach der es eben heißen müßte: «Die Gegenwart allein ist unser Unglück», weil nun einmal jeder Augenblick in Fausts Wahrnehmung – außerhalb Griechenlands – so schrecklich defizitär war, dass er sofort verflucht und negiert werden musste.

Jeder Ablenkung, jeder Bewegung, die jenes Nunc stans zum Verschwinden brächte, versucht sich Faust – ausgerechnet Faust! – zu enthalten: «Ich atme kaum, mir zittert, stockt das Wort,/Es ist ein Traum, verschwunden Tag und Ort» (9413 f.). Als ob er nun selbst schon zum Experten des klassischen Zeiterlebens gereift sei, hält Faust dann gar Helena zur Konzentration auf den Augenblick an, da die griechische Heldenfrau ob des dramatischen Zeitsprungs in Fausts Epoche die kostbare Gegenwart aus dem Blick zu verlieren droht: «HELENA Ich scheine mir verlebt und doch so neu,/In dich verwebt, dem Unbekannten treu./FAUST Durchgrüble nicht das einzigste Geschick/ Dasein ist Pflicht und wärs ein Augenblick» (9415 ff.). «Nicht vorwärts, nicht zurück» schauen und «Dasein ist Pflicht», so lauten in Griechenland die kategorischen Klassikimperative Fausts, dem doch sonst die moderne Pflicht auferlegt war, von allem Da-Sein «übereilt» wegzustreben, «immer vorwärts» zu dringen und der «Erde Freuden» zu «überspringen».

Der Goethes Leben und Werk zerreißende Bruch zwischen dem Klassischen und Modernen, zu Goethes Zeiten auch das Romantische genannt, schließt sich für einen glücklichen Moment – nur in einer *Phantasmagorie* allerdings. Vollends phantastisch musste dem Publikum dann das weitere Geschehen des *Zwischenspiels* erscheinen, wenn Faust neben Helena bukolische Lieder auf das glückliche Dasein in Arkadien anstimmt:

«Noch zirkt, in ewiger Jugendkraft/Für uns, zu wonnevollem Bleiben,/Arkadien in Sparta's Nachbarschaft./Gelockt auf sel'gem Grund zu wohnen,/Du flüchtetest ins heiterste Geschick;/Zur Laube wandeln sich die Thronen,/Arkadisch frei sei unser Glück!» (9567 ff.). Im Medium solcher Verse entsteht das klassische Ideal des vollkommenen, in sich ruhenden schönen Seins, aus dem nichts mehr – kein Gedanke, keine Bewegung – hinausdrängt.

So realitätsfern diese Bukolik auch klingen mag, so konkret ist zugleich ihr Weltbezug: Sie entwirft – Goethe folgt seinem Vorbild, der Arkadiendichtung Vergils, genau – Kontrastszenen zum (Bürger-)Krieg. Er ist im Hintergrund der Begegnung von Faust und Helena stets präsent. Zunächst hatte Mephisto mehrfach versucht, die Schäferstunden des klassisch-romantischen Paars zu stören und gleichsam im Rückgriff auf die Kreuzzugsepoche für den «Durchmarsch gewaltiger Heereskraft» durch Arkadien – «In Stahl gehüllt, vom Strahl umwittert» (9450) – gesorgt. Doch gelang es dem Liebespaar, sich vor dem Kriegsgeschehen in die schattigen Haine der bukolischen Landschaft zurückzuziehen. Daraus hervorgesprungen kommt schließlich, als Spross der griechischen Liebesnächte Fausts und Helenas, Euphorion, der rasch zum kriegerischen Mann heranwächst, sich sogleich auf die romantische Seite schlägt und der phantasmagorischen Verbindung mit der Klassik ein jähes Ende bereitet. In einem weiteren phantastischen Riesenschritt in der europäischen Geschichte macht der Faustautor die Ereignisse seiner eigenen Epoche zum Hintergrund des Dramas. Denn die höchst modernen Parolen, die Euphorion verkündet, gleichen der Kriegslyrik jener Romantiker, die sich zu Beginn der zwanziger Jahre des 19. Jahrhunderts für den Freiheitskampf der Griechen gegen die türkische Besatzung begeisterten oder gar, wie Lord Byron, als Kriegsfreiwillige ins Gefecht zogen.

Was der klassischen Philosophie das wahre Sein und dessen höchste Realität ist, erscheint dem modernen Bewusstsein als nichtige Illusion und leerer Traum. «Träumt ihr den Friedenstag?», so fragt Euphorion, sich ein letztes Mal zu seinen Eltern nach Arkadien umwendend, um dann fortzufahren: «Träume wer träumen mag./Krieg ist das Losungswort./Sieg! und so klingt es fort» (9835 ff.). Euphorion ersetzt die klassische Feier des Daseins durch die Negation des Lebens. Zuletzt entschließt er sich in einem radikalromantischen Crescendo zum heroischen Tod auf dem Schlachtfeld: «Und der Tod/Ist Gebot,/Das versteht sich nun einmal» (9888 ff.). Mit diesem quasi existentialistischen Todesgebot geht die klassisch-romantische Phantasmagorie über in den Alptraum des klassischen Bewusstseins, wie er denn auch fassungslos von Faust, Helena und dem Chor ausgesprochen wird: «Welch Entsetzen! welches Grauen!/Ist der Tod denn dir Gebot?» (9891 f.). Verstiegen ins extreme Pathos, stürzt sich Euphorion schließlich in den Tod. «Zerrissen ist des Lebens wie der Liebe Band» (9941), lautet daraufhin das lakonische Resümee Helenas, ehe sie verschwindet im unterirdischen Reich Persephones und Faust allein zurücklässt. Nach einem wilden Bacchanal lärmender Trunkenbolde zeigt sich im letzten Bild Mephisto, «um», wie es in einer kryptischen Bühnenanweisung heißt, «in so fern es nötig wäre, im Epilog das Stück zu kommentieren.»

VII. 1828: *Faust. Zweiter Teil,* 1. Akt
(bis Vers 6036)

Prolog: Fausts Heilschlaf in anmutiger Gegend Naturgemäß mussten sich die zeitgenössischen Leser angesichts des rätselhaften Finales des 1827 separat gedruckten *Zwischenspiels* fragen, wie der Zusammenhang hergestellt werden könnte in der Tragödie Fausts. Die Antwort darauf fiel allerdings wieder einmal nur höchst bruchstückhaft aus, als 1828 im 12. Band der *Ausgabe letzter Hand* von Goethes Werken tatsächlich ein Text unter dem Titel *Faust. Zweiter Teil* erschien. Abermals nämlich handelte es sich nur um ein weiteres Tragödienfragment, das zu Beginn der vierten Szene abbrach. Und einmal mehr – zur Enttäuschung des Publikums, wie wir befürchten müssen – hatte der Faustautor die «Kluft» zum «jammervollen Abschluß des ersten Teils» auch in dem neuerlichen Bruchstück mitnichten überbrückt. Im denkbar disparatesten Widerspruch zu den Kerkerbildern am Ende von *Faust I* lässt Goethe die Handlung in *Faust II* mit der Szene *Anmutige Gegend*, an einem Locus amoenus also, wiedereinsetzen, die man im Vorgriff auf das erst viel später vorliegende Gesamtwerk auch als Prolog von *Faust II* bezeichnen könnte, zumal das Bühnengeschehen der *Anmutigen Gegend* – nicht anders als der *Prolog im Himmel* von *Faust I* – im Zeichen eines grandiosen Sonnenaufgangs und der Naturphänomene im Wechsel der Tageszeiten steht.

«FAUST auf blumigen Rasen gebettet, ermüdet, unruhig, schlafsuchend. Dämmerung», so die Situation am Beginn der ersten Szene, darin dann die Naturgeister, dargestellt von den Elfen, dem «Unglücksmann» (4620) zu Hilfe eilen und ihn in einen heilsamen Schlaf wiegen. Ariel gibt den «anmutigen kleinen Gestalten» Anweisung, mit der sanften Therapie Fausts zu beginnen: «Die ihr dies Haupt umschwebt im luftgen Kreise,/ Erzeigt euch hier nach edler Elfen Weise,/Besänftiget des Herzens grimmen Strauß,/Entfernt des Vorwurfs glühend bittre Pfeile, sein Innres reinigt von verlebtem Graus» (4621 ff.). Deuten diese Verse Ariels zwar noch einmal zurück auf den «Graus», den Faust in der vorausgehenden Tragödie Margaretes erlebt und im Verein mit Mephisto selbst angerichtet hat, so kündigen sie doch zugleich eine Katharsis an, die Faust nicht nur von den «glühend bittren» Schuldvorwürfen, sondern darüber hinaus von seiner ehedem chronischen Ungeduld befreit, die ihn in solche Schuld erst verstrickt hat.

Auf dass der zweite Teil, wie von Goethe angekündigt, Faust «in höheren Regionen durch würdigere Regionen durchführen» kann, darf der Tragödienheld abermals eine Wiedergeburt erleben. Dieselbe findet nun, im schroffen Kontrast zur Verjüngungskur in der *Hexenküche* des ersten Teils, in der Natur statt und mithin im Zeichen der goetheschen Klassik, nicht anders als die glückliche Begegnung mit Helena an einem exterritorialen Ort der Tragödie also. Denn in der *Anmutigen Gegend* gilt wie in Arkadien die Wette nicht. Weit und breit ist kein Mephisto zu sehen, der die Befreiung Fausts von der unduldsamen Negation des Daseins blockieren könnte. So kann sich in der Frühlingsnacht die heilende Verwandlung des «Unglücksmanns» synchron zur Metamorphose der Natur vollziehen, beginnend während der Abenddämmerung, wenn der Elfenchor Faust in den Schlaf singt: «Wenn sich lau die Lüfte füllen/Um den grünumschränkten Plan,/Süße Düfte, Nebelhüllen/Senkt die Dämmerung heran./Lispelt leise süßen Frieden,/Wiegt das Herz in Kindesruh;/Und den Augen dieses Müden/Schließt des Tages Pforte zu» (4634ff.).

Fausts Naturkontemplation Die Verwandlung von Fausts Gemütsverfassung – vom notorischen (Ver-)Zweifeln zum existentiellen Vertrauen – scheint dann unter der Obhut der Elfen mit der gleichen Verlässlichkeit wie die Metamorphose der Naturphänomene vonstattenzugehen. Zu neuem Leben erwacht, beginnt Faust den Tag unter freiem Himmel mit einem Morgengesang an die Erde: «Des Lebens Pulse schlagen frisch lebendig,/Ätherische Dämmerung milde zu begrüßen; Du Erde warst auch diese Nacht beständig/Und atmest neu erquickt zu meinen Füßen,/Beginnest schon mit Lust mich zu umgeben,/Du regst und rührst ein kräftiges Beschließen,/Zum höchsten Dasein immerfort zu streben» (4679ff.). Der Kontrast zu den Morgendepressionen im gotischen Zimmer, als Faust «das Streben» seiner «ganzen Kraft» Mephisto versprochen hatte, könnte größer nicht sein. Verpflichtete ihn doch das Bündnis mit dem «Geist, der stets verneint», auf die Negation des Daseins, auf das «Ungebändigt-immer- vorwärts»-Dringen und auf das ganz andere «übereilte Streben», das «der Erde Freuden überspringt» (1856ff.). Im Gegensatz dazu bilden Fausts Terzinen das in anmutiger Gegend durch die Naturkontemplation angeregte «kräftige Beschließen» ab, zu jenem «höchsten» Da-Sein in der Gegenwart «immerfort zu streben», zum – paradiesisch schönen – erfüllten Augenblick also, in dem Selbst und Welt zur vollendeten Übereinstimmung kommen und es heißen kann: «die Gegenwart allein ist unser Glück» – innerhalb der «Erdeschranken»!

Was von den Elfen durch Schlaftherapie bereits begonnen

wurde, die synchron zum nächtlichen Naturgeschehen verlaufende Verwandlung der verbitterten Seele, das vollzieht Faust nun bewusst nach in der konzentrierten Betrachtung der Metamorphosen der Natur in der Morgendämmerung des neuen Tages: «In Dämmerschein liegt schon die Welt erschlossen,/Der Wald ertönt von tausendstimmigem Leben/Tal aus, Tal ein ist Nebelstreif ergossen,/Doch senkt sich Himmelsklarheit in die Tiefen,/Und Zweig und Äste, frisch erquickt, entsprossen/Dem duft'gen Abgrund wo versenkt sie schliefen;/Auch Farb' an Farbe klärt sich los vom Grunde,/Wo Blum' und Blatt von Zitterperle triefen,/Ein Paradies wird um mich her die Runde» (4686ff.). «Vor meinem Fenster liegt ein Paradies», rief der in Italien wiedergeborene Goethe aus, an dessen Konversion in ein glückliches Leben der «Unglücksmann» der Tragödie offenkundig teilhaben darf – für die Dauer eines klassischen *Zwischenspiels* und für eine außergewöhnliche Naturerfahrung in der desgleichen dem Gesetz der Wette entzogenen *Anmutigen Gegend.*

Hatte bereits Ariel die Elfen angewiesen, Faust dem «heiligen Licht» zurückzugeben, so schickt der sich nun bei der Betrachtung des Sonnenaufgangs an, es Goethe sogar in dessen Farben-, Licht- und Sonnenkult gleichzutun. Zwar muss sich auch der Faust der *Anmutigen Gegend* vom «Feuermeer» der aufgehenden Sonne abkehren (4710). Indessen folgt hier aus der schmerzlichen Erfahrung der «Erdeschranken» kein neuerlicher Absturz in die Verzweiflung, sondern ein euphorisierender Erkenntnisschub. Das blendende Licht im Rücken, fasst Faust einen von der Morgensonne beschienenen Wasserfall ins Auge und findet dabei den Zugang zum kontemplativen Zentrum der Philosophie Goethes. Deren fundamentale Erkenntnis spricht Faust bei der Betrachtung des im Umfeld des Wasserfalls vom Sonnenlicht gebildeten Regenbogens aus: «Der spiegelt ab das menschliche Bestreben./Ihm sinne nach und du begreifst genauer:/Am farbigen Abglanz haben wir das Leben» (4725ff.).

Beim Nachsinnen über den Regenbogen begreift Faust, dass nicht erst das Herunterreißen des Schleiers der Isis – und der von ihr repräsentierten Natur – die Teilhabe am Leben ermöglicht, sondern dass der farbige Schleier selbst schon das Leben ist. «Am farbigen Abglanz», in der Anschauung der Phänomene, «haben wir das Leben» und zugleich jene deprimierende Spaltung von Selbst und Welt überwunden, die Faust im gotischen Zimmer in die Verzweiflung trieb. Geheilt wird die große Depression, so das Versöhnungssymbol des Regenbogens, durch die geduldige Reflexion. Am Ende der Szene *Anmutige Gegend* sprechen Goethe und Faust mit einer Stimme, und das in der denkbar wichtigsten Angelegenheit: in der Farbenlehre, die man «Goethes Farbentheologie» nennen kann (Schöne 2017, 409). Nach dieser Initiation Fausts in die nachgerade sakrosankten Regionen der Geisteswelt Goethes, ließe sich im Rückblick auf die konversionsartige Metamorphose des «Unglücksmanns» sogar von einer «Entfaustung Fausts» sprechen (Schings 2011, 414), von einer vorübergehenden allerdings, denn bereits im nächsten Moment wechselt das dramatische Geschehen in solche Regionen, in denen das Gesetz der Wette wieder gilt.

Die große Transformation der Welt Fortan widmet sich der Faustautor in den noch fehlenden Partien des Dramas wieder der Schilderung der Versuche des Ungeduldigen, aus den «Erdeschranken» auszubrechen. Dabei beteiligt er den nun abermals «immer vorwärts» und aus der Gegenwart herausstrebenden Faust an drei Unternehmungen der Grenzüberschreitung, die für die mit dem 19. Jahrhundert einsetzende Transformation der Daseinsverhältnisse exemplarisch sind. Das sind die modernen Versuche, die Beschränkung des Reichtums aufzuheben (1. Akt); die Grenzen, die dem menschlichen Zugriff auf die Entstehung des Lebens gesetzt sind, zu überwinden (2. Akt); die naturbedingten Weltverhältnisse durch selbstgeschaffene Produktionsverhältnisse zu ersetzen (4. und 5. Akt).

Papiergeld Den Naturbildern der *Anmutigen Gegend* lässt Goethe im 1. Akt des *Faust-II*-Bruchstücks von 1828 – offensichtlich in Anwendung seines poetischen Arbeitsprinzips, die «Widersprüche disparater» zu machen – völlig unvermittelt das politische Tableau der zweiten Szene folgen, in der Faust und Mephisto inmitten der Krise eines archetypischen Ancien régime auftreten. Unter der historisierenden Szenenüberschrift *Kaiserliche Pfalz* öffnet Goethe allgemeingültige Aussichten auf den Staatsbankrott. Im *Saal des Thrones* ergreifen die Kurfürsten der Reihe nach das Wort und überbringen dem Kaiser die deprimierenden Nachrichten aus ihren Ressorts. Alle konventionellen Maßnahmen zur Abwendung der Zahlungsunfähigkeit erweisen sich als wirkungslos und ändern nichts am lakonischen Befund des Schatzmeisters: «Und unsre Kassen bleiben leer» (4851).

In diesem Moment größter Ratlosigkeit betreten Mephisto und Faust die Szene. Offenbar hat sich Mephisto unterdessen in der Rolle des Hofnarren ins Zentrum der Macht emporgearbeitet, wo er als einziger Optimismus verbreitet und ein ganz neuartiges «Projekt» (4888) zur Bewältigung der großen Rezession entwirft: «Wo fehlts nicht irgendwo auf dieser Welt?/Dem dies, dem das, hier aber fehlt das Geld./Vom Estrich zwar ist es nicht aufzuraffen;/Doch Weisheit weiß das Tiefste herzuschaffen» (4889 ff.). In der Folge erläutert Mephisto jene «Weisheit», die leeren Staatskassen auf unkonventionelle Weise wieder zu füllen, und behauptet zur Überraschung des versammelten Staatsrats, es sei möglich, Geld gleichsam aus dem Nichts zu schaffen.

Um der neuen Währung eine reale Deckung und einen stabilen Wert zu verleihen, sei lediglich vorauszusetzen, dass in «Bergesadern, Mauergründen», also auf dem Terrain, das ohnehin dem Kaiser gehöre, «Gold gemünzt und ungemünzt zu finden» sei (4894 f.) – ob nun als Bodenschatz oder in Gestalt vergrabener Reichtümer vergangener Epochen. Auf der Grundlage dieser vermeintlich realen Schätze, könne dann die Geldschöpfung solange vonstattengehen, bis die Staatskasse wieder gefüllt sei. «Ich schaffe, was ihr wollt, und schaffe mehr», verspricht Mephisto (4927). Die empörte Reaktion des Kanzlers, der in der Rolle des konservativen Bedenkenträgers hinter Mephistos Versprechen unbeschränkten Reichtums frevelhafte Manipulationen vermutet – «Die Ketzer sind's! die Hexenmeister!» (4911) –, wehrt der Kaiser entnervt ab. Am Abgrund des Staatsbankrotts stehend, hat er keine Zeit mehr zu verlieren und gibt Mephisto sogleich freie Hand zur Geldschöpfung: «Ich habe satt das ewige Wie und Wenn;/Es fehlt an Geld, nun gut, so schaff' es denn» (4925 f.). Hinter Mephistos Angebot einer gleichsam magischen Geldvermehrung ist das revolutionäre Projekt der modernen Finanzökonomie schlechthin zu erkennen: die Papiergeldschöpfung (Binswanger, 22 ff.).

Noch bevor es indessen zur Überprüfung von Mephistos Plänen und der von ihm behaupteten Goldschätze kommen könnte, beginnt in der dritten Szene des ersten *Faust-II*-Akts, *Weitläufiger Saal mit Nebengemächern*, das gewaltige Karnevalstreiben des kostümseligen *Mummenschanz*. Ein letztes rauschendes Fest der alteuropäischen Aristokratie ist zu sehen, zunächst scheinbar krisenentrückt und realitätsfern, bevor Faust und Mephisto die galante Inszenierung zerstören und die Gesellschaft in die von Mephistos «Projekt» veränderte Welt drängen. So gewinnt die gesamte Szene die Bedeutung einer «Allegorie des 19. Jahrhunderts» und seiner seit 1789 revolutionären Veränderungen in Ökonomie und Gesellschaft (Schlaffer, 7 f.).

Am Morgen nach dem wilden Fastnachtstrubel sehen wir Faust und Mephisto im Eingangsbild der Szene *Lustgarten* neben dem Kaiser knien. Inzwischen haben sich die beiden im inneren Machtzirkel etabliert, wo nun der Kaiser an Mephisto die Worte richtet: «Sei stets bereit wenn eure Tageswelt/Wie's oft geschieht, mir widerlichst mißfällt» (6035 f.). Faust und Mephisto scheinen die einzigen zu sein, die die in der politischen «Tageswelt» nun drohende Katastrophe noch abwenden können. Dass dies auf nicht ganz geheure Weise geschehen würde, soviel wenigstens gab der 1828 unter dem Titel *Faust. Zweiter Teil* gedruckte, wiederum nur fragmentarische Text gerade noch preis, ehe Goethe den Vorhang fallen ließ und sich mit den dürren Worten «Ist fortzusetzen» ein für allemal zu seinen Lebzeiten vom Faustpublikum verabschiedete (WA I 15. 2, 31).

«Das Hauptgeschäft zu Stande gebracht» – Die Vollendung der Fausttragödie Gespräche, Tagebuchnotizen und Briefe Goethes aus den letzten Lebensjahren vermitteln den Eindruck von einem mühseligen Kampf des Dichters um die Vollendung des Faustmanuskripts. «Hauptzweck», «Hauptgeschäft» und «Poetisches» lauten die Chiffren für die heikle Arbeit an der Tragödie, die vor allem zwischen 1830 und 1831 im Tagebuch verzeichnet wird. Gleichsam Vers für Vers ringt Goethe um die noch fehlenden Teile seiner Dichtung. «Jetzt, am zweiten Teil meines Faust», so heißt es im März 1828 im Gespräch mit Eckermann, «kann ich nur in den frühen Stunden des Tags arbeiten (...). Und doch, was ist es, das ich ausführe! Im allerglücklichsten Fall eine geschriebene Seite; in der Regel aber nur so viel, als man auf den Raum einer Handbreit schreiben könnte» (MA 19, 610f.). Im Juni 1831 schreibt Goethe an Zelter, «keine Kleinigkeit» sei es, «das, was man im zwanzigsten Jahre konzipiert hat im 82. außer sich darzustellen» (MA 20.2, 1477). In jenen sechzig Jahren ist aus dem Faustthema «ganz etwas Inkommensurabeles geworden» (MA 19, 347), dessen lebenslang gewachsener Bedeutungsreichtum einer Vollendung des Tragödientexts zu widersprechen scheint.

Nachdem es dann doch gelungen ist und Goethe am 22. Juli 1831 ins Tagebuch «das Hauptgeschäft zu Stande gebracht» eintragen kann (WA III 13, 112), ist von einer Veröffentlichung des abgeschlossenen Manuskripts freilich nicht die Rede. Stattdessen gibt Goethe seinen skurrilen Meldungen aus der Faustwerkstatt eine neue Wendung und teilt den Freunden mit, dass er das fertiggestellte Werk zum Opus posthumum bestimmt habe. «Und so wird denn das Manuskript endlich eingesiegelt, daß es verborgen bleibe und dereinst, wenn's glückt, die spezifische Schwere der folgenden Bände meiner Werke vermehren möge» (HABfe 4, 446). Naturgemäß stieß der sonderbare Entschluss, das endlich erledigte «Hauptgeschäft» zu Lebzeiten verborgen zu halten, bei Goethes Freunden auf energischen Protest. Fassungslos heißt es in Wilhelm von Humboldts Brief an Goethe: «Wenn ich Sie recht verstehe, daß Sie es wirklich nicht erleben wollen, den Faust zusammen gedruckt zu sehen, so beschwöre ich Sie wirklich, diesen Vorsatz wieder aufzugeben» (HABfeaG 2, 609). Diesseits seiner sonst kryptischen Faustnachrichten wählt Goethe im Antwortschreiben an Humboldt – es ist der berühmte letzte Brief vom 17. März 1832, den Goethe fünf Tage vor seinem Tod diktiert – unmissverständliche Worte.

Sie geben den Blick frei auf die illusionslose Selbsteinschätzung eines Dichters, der von den Zeitgenossen keinerlei Verständnis mehr für seine literarischen Produktionen erwartet und der der Epoche insgesamt ein denkbar düsteres Zeugnis ausstellt: «Ganz ohne Frage würd es mir unendliche Freude machen, meinen werten, durchaus dankbar anerkannten, weitverteilten Freunden auch bei Lebzeiten diese sehr ernsten Scherze (d. i. die vollendete Fausttragödie, Vf.) zu widmen, mitzuteilen und ihre Erwiderung zu vernehmen. Der Tag aber ist wirklich so absurd und konfus, daß ich mich überzeuge meine redlichen, lange verfolgten Bemühungen um dieses seltsame Gebäu würden schlecht belohnt und an den Strand getrieben, wie ein Wrack in Trümmern daliegen und von dem Dünenschutt der Stunden zunächst überschüttet werden. Verwirrende Lehre zu verwirrtem Handel waltet über die Welt» (HABfe 4, 481).

VIII. 1833: *Faust. Der Tragödie zweiter Teil*

So musste das Faustpublikum warten, bis zur Ostermesse 1833, ein Jahr nach Goethes Tod, im 41. Band der *Ausgabe letzter Hand* der komplette zweite Teil des Opus summum des Dichters erschien unter dem Titel: *Faust. Der Tragödie zweiter Teil in fünf Akten. (Vollendet im Sommer 1831.).* Goethes dem 19. Jahrhundert ausgestellte Diagnose, «verwirrender Lehre» und «verwirrtem Handel» anheimgefallen zu sein, schien ihre exakte Entsprechung in der allegorischen Darstellung dieser Epoche im 1. Akt von *Faust II* zu finden, dessen Lektüre sich in der nun endlich vorliegenden Druckfassung des Gesamttexts fortsetzen ließ. Denn im Blick auf die Krise des Ancien régime im Faustdrama kam jetzt zum Vorschein, dass Faust und Mephisto unbemerkt die Druckerpresse in Gang gesetzt und das neue Papiergeld in Umlauf gebracht hatten, während zur selben Zeit die gesamte Gesellschaft dem allgemeinen Ablenkungstrubel des *Mummenschanz* erlegen war.

1. Akt (ab Vers 6037)

Magische Geldvermehrung Am Morgen nach dem ekstatischen Fastnachtstreiben geht die Nachricht um, dass die Staats- und Wirtschaftskrise wie von Geisterhand beendet wurde. Abermals versammeln sich die Mitglieder des Staatsrats, um nun allerdings hocherfreut von sprudelnden Einnahmen zu berichten: «Rechnung für Rechnung ist berichtigt», so der Marschalk, «Die Wucherklauen (der Kreditgeber, Vf.) sind beschwichtigt,/ Los bin ich solcher Höllenpein;/Im Himmel kanns nicht heitrer sein» (6041 ff.). Der Kanzler rekapituliert die von der Geldschöpfung Fausts und Mephistos herbeigeführte vermeintliche Rettung aus der Schuldenkrise. Einen Papiergeldschein in der Hand, teilt er der staunenden Hofgesellschaft mit: «So hört und schaut das schicksalsschwere Blatt,/Das alles Weh in Wohl verwandelt hat» (6055 ff.). Daraufhin verliest er den auf die Banknote gedruckten Text, der mit der Unterschrift des Kaisers versehen ist: «Der Zettel hier (die Banknote, Vf.) ist tausend Kronen wert./Ihm liegt gesichert als gewisses Pfand/Unzahl vergrabnen Guts im Kaiserland./Nun ist gesorgt damit der reiche Schatz,/Sogleich gehoben, diene zum Ersatz» (6058 ff.).

Zweifel, die sich beim Kaiser melden ob des unverhofften Geldsegens – «Ich ahne Frevel, ungeheuren Trug! (6063) –, werden umgehend zerstreut. Schließlich hat er ja selbst, allerdings unter ungeklärten Umständen, im nächtlichen Karnevalstrubel, dem Papiergeld die Autorität seiner Unterschrift verliehen, die dann auf den verschiedenen Geldscheinen in riesiger Auflage durch die Notenpresse vervielfältigt wurde: «dann wards in dieser Nacht/Durch Tausendkünstler schnell vertausendfacht./Damit die Wohltat allen gleich gedeihe/So stempelten wir gleich die ganze Reihe,/Zehn, Dreißig, Funfzig, Hundert (Kronenscheine, Vf.) sind parat./Ihr denkt euch nicht wie wohl's dem Volke tat./Seht eure Stadt, sonst halb im Tod verschimmelt,/Wie alles lebt und lustgenießend wimmelt!» (6071 ff.). Schnelligkeit scheint bei Fausts und Mephistos Finanzoperationen das Gebot der Stunde zu sein, wie überhaupt das «Veloziferische» die Aktionen der beiden und die darin zum Ausdruck kommende neue Zeit kennzeichnet (Osten, 24 ff.). In kürzester Zeit überschwemmt die neue Währung den Markt und schafft vollendete Tatsachen: «Unmöglich wär's die Flüchtigen (Papiergeldscheine, Vf.) einzufassen;/Mit Blitzeswink zerstreute sichs im Lauf» (6086 f.). Die einmal in Gang gesetzte grenzenlose Geldvermehrung lässt sich nicht mehr aufhalten.

Faust beteuert indessen die Stabilität der neuen Währung. Da das «Übermaß der Schätze, das (...) tief im Boden harrt» – die angeblichen Bodenschätze also, deren reale Existenz freilich nie überprüft wurde –, selbst für «die Phantasie, in ihrem höchsten Flug» nicht vorstellbar sei, dürfe man auch «zum Grenzenlosen» der Papiergeldschöpfung «grenzenlos Vertrauen» haben (6111 ff.). Nach der gewaltigen Geldvermehrung scheint in der Tat, so Mephistos launiger Wirtschaftsbericht, ein ungezügelter Konsumrausch in Fahrt gekommen zu sein: «Ein solch Papier (der Geldschein, Vf.), an Gold und Perlen statt,/Ist so bequem, man weiß doch was man hat (der Wert ist aufgedruckt, beglaubigt mit kaiserlicher Unterschrift, Vf.),/Man braucht nicht erst zu markten noch zu tauschen,/Kann sich nach Lust in Lieb und Wein berauschen» (6119 ff.).

Begeistert ob des genialen Auswegs, den Faust und Mephisto dank der schrankenlosen Geldschöpfung aus der Wirtschaftskrise gewiesen haben, ernennt der Kaiser die beiden zu den Kustoden des Staatsschatzes. Dort entscheiden sie künftig – gleichsam an der Spitze einer modernen Bank stehend (Binswanger, 48 f.) – über den Umfang der Geldmenge und über deren Verhältnis zu dem vermeintlich im Reichsboden als Gelddeckung lagernden Goldschatz. Zwar ist dieser Schatz bislang nur eine imaginäre Größe geblieben, ohne dass das Gold, das den Wert der neuen Währung stabil halten soll, je zum Vorschein gekommen wäre. Da aber die Wirtschaft unterdessen floriert und die Staatskasse wieder gefüllt ist, fragt auch niemand genauer nach. Feierlich führt der Kaiser Faust und Mephisto in ihre neue Funktion als Verwalter des Staatsschatzes ein: «Vertraut sei euch des Reiches innrer Boden,/Ihr seid der Schätze würdigste Kustoden./Ihr kennt den weiten wohlverwahrten Hort,/Und wenn man gräbt so sei's auf euer Wort./Vereint euch nun ihr

Meister unsres Schatzes,/Erfüllt mit Lust die Würden eures Platzes,/Wo mit der obern- (Papiergeldsphäre, Vf.) sich die Unterwelt (des vermeintlichen Goldes im Reichsboden, Vf.)/In Einigkeit beglückt, zusammenstellt» (6133 ff.). Überschwänglich begrüßt der Schatzmeister Faust, der künftig unbegrenzte Liquidität anbietet: «Soll zwischen uns kein fernster Zwist sich regen,/Ich liebe mir den Zaubrer zum Kollegen» (6141 f.).

Helenaprojektion In den folgenden Szenen des 1. Akts agiert Mephisto immer offensichtlicher als Scharlatan, der den allgemeinen Realitätsverlust in dem am Rande des Abgrunds taumelnden Staatswesen für seine Zwecke zu nutzen versteht. Fausts Gang zu den «Müttern» – in der älteren Goethephilologie vielfach tiefschürfend ausgelegt – wird man wohl auch zu den hypnotischen Betrügereien Mephistos zählen, die schließlich in einem raffiniert inszenierten Illusionstheater ihren Höhepunkt finden, in dem die groteske Parodie der Griechenlanderfahrung Fausts zu sehen ist.

Dem unterhaltungssüchtigen Kaiser hat Faust die Präsentation der antiken Helena zugesagt. Zu diesem Zweck lädt Mephisto zu einer Art Filmvorführung ein. 1830 geschieht dies mit Hilfe der Projektionstechnik der Laterna Magica (Schöne 2017, 479 ff.). Mephisto projiziert in solcherart bewegten Bildern die Geschichte von «Paris und Helena». Zu sehen ist der Jüngling Paris, «wie eine Pfirsche frisch und voller Saft» (6454), «halb nackt» (6461), den die schöne Helena «in die Lehre» nimmt (6521). Rasend vor Eifersucht beobachtet Faust das Liebesspiel der beiden. Von leidenschaftlichem Verlangen getrieben, will er die illusionäre Helena dann gar ergreifen. Bevor jedoch Fausts Griff nach der Bildsuggestion die Verwechslung von medialem Schein und nichtigem Sein offenkundig machen könnte, lässt Mephisto die Szenerie im Chaos versinken: «Explosion, Faust liegt am Boden./Die Geister (Helena und Paris, Vf.) gehen in Dunst auf.» Mephisto, «der Fausten auf die Schulter nimmt», entweicht in «Finsternis» und «Tumult», ehe das getäuschte Publikum der beiden Betrüger habhaft werden und es sich herausstellen könnte, dass sich nicht nur die Bildprojektionen der

Liebesszene, sondern unterdessen auch die auf die Papiergeldscheine aufgedruckten Wertprojektionen in «Dunst» aufgelöst haben.

2. Akt

Im zweiten Akt kehrt die Handlung vorübergehend zurück ins «hochgewölbte enge gotische Zimmer», in dem sich das Gelehrtendrama des ersten Tragödienteils abgespielt hatte. Von «Helena paralysiert» (6568) und gleichsam betäubt «erblickt man Fausten hingestreckt auf einem altväterischen Bette». Hier wurde er von Mephisto abgelegt, nachdem die beiden das tumultuarische Ende der Laterna-Magica-Vorführung zur Flucht genutzt hatten. Ein neuer Famulus wankt heran und berichtet Mephisto vom unterdessen zum «Doktor Wagner» promovierten Vorgänger, der sich Tag und Nacht der alchemistischen Wissenschaft widme. Bevor Mephisto den wunderlichen Forscher aufsuchen kann, stürmt der zum Baccalaureus fortgeschrittene Schüler des ersten Dramenteils herbei und gibt sich als grobianischer Vertreter der Jungromantiker zu erkennen. «Im Deutschen lügt man, wenn man höflich ist» (6771), lässt er Mephisto wissen und fügt ungerührt hinzu: «Hat einer dreißig Jahr vorüber,/So ist er schon so gut wie tot./Am besten wär's euch zeitig totzuschlagen» (6787 ff.). Schließlich proklamiert er in der Manier des Originalgenies die Neuschöpfung der Welt aus seinem Bewusstsein: «Dies ist der Jugend edelster Beruf!/Die Welt sie war nicht eh ich sie erschuf» (6793 f.).

Menschen machen: Doktor Wagners Laboratorium Einer zweiten Schöpfung ganz anderer Art und einer damit einhergehenden Entbindung von den naturgegebenen Erde- und Lebensschranken hat sich auch Doktor Wagner verschrieben. Zu ihm gelangt Mephisto schließlich ins *Laboratorium.* «Weitläufige unbehülfliche Apparate zu phantastischen Zwecken» stehen darin, mit deren Hilfe ein alter Alchemistentraum und zugleich ein höchst modernes Wissenschaftsprojekt verwirklicht werden soll: An die Stelle der natürlichen, von Eros und Sexus bestimmten Zeugung des Menschen durch Mann und Frau tritt die technische Menschenproduktion. Wagner zu Mephisto: «Ein herrlich Werk ist gleich zu Stand gebracht./MEPH. *leiser* Was gibt es denn?/WAGNER *leiser* Es wird ein Mensch gemacht./MEPH. Ein Mensch? Und welch verliebtes Paar/Habt ihr in's Rauchloch eingeschlossen?» (6834 ff.). Mephisto denkt also noch gleichsam konventionell: Soll ein neuer Mensch auf den Weg ins Dasein gebracht werden, bedarf es dazu in seinen Augen eines Liebespaars. Wagner entgegnet daraufhin, ganz modern gewissermaßen: «Behüte Gott! wie sonst das Zeugen Mode war/Erklären wir für eitel Possen./Der zarte Punkt aus dem das Leben sprang,/Die holde Kraft die aus dem Innern drang/(...)/Die ist von ihrer Würde nun entsetzt;/Wenn sich das Tier noch weiter dran ergötzt,/So muß der Mensch mit seinen großen Gaben/Doch künftig höhern, höhern Ursprung haben» (6838 ff.). Höher als die natürliche Zeugung ist der labortechnische Ursprung des Menschen in Wagners Urteil, weil er geplant abläuft und insofern auf einer höheren Stufe des Rationalisierungsprozesses steht.

«Ursprung» lautet das Schlüsselwort der Szene. Sofern es Wagner nämlich gelingt, den «Ursprung» des menschlichen Seins zu kolonisieren, liegt es in seiner Hand, den Prozess der Lebensentstehung nach seinem Willen zu steuern, eine Aussicht, über die er in helle Begeisterung gerät. «Zum Herd gewendet», wo sich in der Phiole gerade der Schritt vom anorganischen zum organischen Geschehen, von den «Stoffen» zum «Menschenstoff», vollzieht, ruft Wagner hingerissen aus: «Es leuchtet! seht! – Nun läßt sich wirklich hoffen/Daß, wenn wir aus viel hundert Stoffen/Durch Mischung, denn auf Mischung kommt es an,/Den Menschenstoff gemächlich komponieren,/In einem Kolben verlutieren (verschließen, Vf.)/Und ihn gehörig kohobieren (destillieren, Vf.),/So ist das Werk (der technischen Produktion von Menschenleben, Vf.) im Stillen abgetan» (6848 ff.).

Auf dem Weg zur Erkenntnis dessen, was die Lebenswelt «im Innersten zusammenhält», nimmt Wagner im zweiten Tragödienteil eine experimentelle Route, die Faust zu Beginn der Tragödie noch nicht entdecken konnte. Denn Goethe hat sie erst im

Verlauf seiner späteren Auseinandersetzung mit der Naturwissenschaft Newtons kennengelernt, der er fortan auf zunehmend obsessive Weise seine eigenen Prinzipien einer Naturphänomenologie entgegensetzte. Wagners Plan, einerseits inspiriert durch die Entdeckung der Harnstoffsynthese durch Friedrich Wöhler (Schöne 2017, 506f.), andererseits von Goethe offensichtlich als Newton-Parodie gestaltet, sieht vor, einzelne Vorgänge aus dem Ganzen des Lebens herauszugreifen und dann isoliert unter den Bedingungen des Labors bei veränderten Parametern zu wiederholen, bis sie nach den Vorgaben der Versuchsanordnung zur Erzeugung vorhersehbarer Effekte dirigiert werden können. Nach dieser Methode ist es Doktor Wagner gelungen, den «zarten Punkt» der Entstehung menschlichen Lebens in der Phiole zu isolieren. Leidenschaftlich erläutert er Mephisto den entscheidenden Schritt, die Naturverhältnisse zu ersetzen durch Laborverhältnisse: «Es wird! die Masse regt sich klarer,/Die Überzeugung wahrer, wahrer:/Was man an der Natur geheimnisvolles pries,/Das wagen wir verständig zu probieren,/Und was sie sonst organisieren ließ,/Das lassen wir kristallisieren» (6855ff.). Aus der Phiole, so Wagners Plan, wird das optimierte Leben hervorgehen – künftig unberührt von den Zufällen der Natur. Hatte sich Faust im ersten Teil der Tragödie noch frustriert eingestehen müssen: «Geheimnisvoll am lichten Tag/Läßt sich Natur des Schleiers nicht berauben» (672f.), so kennt die Natur seines Schülers kein Geheimnis mehr. Triumphierend ruft Wagner aus: «Was wollen wir, was will die Welt nun mehr?/ Denn das Geheimnis liegt am Tage» (6875f.).

Doch bleibt Wagners technische Menschenzüchtung auf halbem Wege in einer Groteske stecken. Nur die Konstruktion eines Homunkulus, eines körperlosen Bewusstseins in der Phiole, gelingt im Laboratorium, als ob darin der sinnenfeindliche Affekt der technischen Operation seinen konsequenten Ausdruck fände. Auf diese Situation lässt Goethe im abermals denkbar disparatesten Widerspruch das längste, bilderreichste, rauschendste Fest der Klassik folgen, das sein gesamtes Werk kennt. Da der Antike die biblisch-theologische «Verteufelung» der Sexualität fremd ist, verliert Mephisto in Griechenland sein ureigenes Tätigkeitsfeld. Denn hier ist er um seine Hauptattraktion, die Verlockung des Obszönen, gebracht. Infolgedessen stellt das sinnenfreudige Körpertheater der *Klassischen Walpurgisnacht* dann zugleich die Gegenwelt zur mephistophelisch-obszönen *Walpurgisnacht* in *Faust I* dar.

Klassische Walpurgisnacht Homunkulus leidet unter seinem abstrakten Zustand und wäre, wie es später heißt, «gern verkörperlicht» (8252). Unter dem Eindruck dieser Sehnsucht und dank seiner telepathischen Fähigkeiten, inspiriert durch die Körperphantasien Fausts, der, nebenan im gotischen Zimmer in Tiefschlaf verfallen, von Leda und dem Schwan und selbstredend von Helena träumt, regt Homunkulus einen Ausflug ins klassische Griechenland an: «Jetzt eben, wie ich schnell bedacht,/Ist klassische Walpurgisnacht» (6940f.). Die Exkursion an die Ufer des Mittelmeers muss er freilich gegen den Willen Mephistos durchsetzen, der als Figur der nordisch-romantischen Teufelsvorstellungen in den südlichen Gefilden zu Recht um seine Wirkungsmöglichkeiten fürchtet. «Väterchen» Wagner lädt Homunkulus erst gar nicht mit ein auf die Reise, sucht er doch jene natürliche Körperwelt, die aus Wagners Laboratorium ausgeschlossen war.

Die phantastische Reise versetzt Homunkulus, Faust und Mephisto nach Nordgriechenland. Hier geraten sie in einen Reigen von Festtagen und kultischen Feiern der antiken Mittelmeerwelt. Jeder der drei «Luftfahrer» verfolgt nach der Landung in Thessalien seine eigenen Wege. Faust macht sich sogleich auf die Suche nach Helena, die er schließlich als ein zweiter Orpheus aus der Totenwelt losbitten wird, so dass sie im 3. Akt, also in jener bereits 1827 vorab publizierten *Klassisch-romantischen Phantasmagorie*, auftreten kann. Mephisto findet nach langen Irrwegen doch noch wenigstens äußerlich verwandte antike Figuren in Gestalt des «Dreigetüms» der Phorkyaden, von denen er sich die Maske ultimativer Hässlichkeit leiht, so dass er, desgleichen im folgenden Akt, im Kostüm der Phorkyas agieren, Helena samt ihrer Begleiterinnen in Angst und Schrecken versetzen und Faust in die Arme treiben kann. In den Weiten

Griechenlands verlieren sich indessen bald die Spuren von Faust und Mephisto, so dass Homunkulus als Hauptfigur der *Klassischen Walpurgisnacht* ins Zentrum des Geschehens rückt.

Er heftet sich an die Fersen der beiden Vorsokratiker Thales und Anaxagoras, deren Streitgespräch er belauscht, um sich dann der neptunistisch-evolutionären Theorie des Thales von der uranfänglichen Lebensquelle des Wassers und des Meeres anzuschließen. Der weist denn auch sogleich den Weg zur klassischen Walpurgisnacht in den Buchten der Ägäis. Hoffnungsvoll harrt hier der greise Meergott Nereus seiner Tochter Galatee und der sie begleitenden Wassernymphenschar der Nereiden und Doriden anlässlich des alljährlich wiederkehrenden Meeresfestes. Thales, der behutsam Homunkulus' Anliegen vorbringt – «Der Knabe da wünscht weislich zu entstehn» (8133) –, wird vom ungeduldigen Nereus weitergeschickt zu Proteus, dem auf Gestaltwechsel spezialisierten Meeresgott: «Hinweg zu Proteus! Fragt den Wundermann:/Wie man entstehn und sich verwandlen kann» (8152f.). Die Verse machen deutlich, dass Goethe im Gewand der antiken Mythologie am Ende der *Klassischen Walpurgisnacht* die Apotheose seiner eigenen naturphilosophischen Metamorphosenlehre mit den Mitteln einer ganz und gar unorthodoxen klassischen Ästhetik in Szene setzt. Zu diesem Zweck verlegt er die weitere Handlung an die thessalische Küste. Dort schauen wir mit Nereus, Thales und mit dem sehnsüchtigen Homunkulus auf die Ägäis. Das sich hier nun zeigende Verwandlungsgeschehen spielt sich in jenem Element ab, das in der klassischen Überlieferung Symbol der unendlichen Natur schlechthin ist: im Meer.

Meeresbilder: Triumph der Galatea Den Weg in die Evolutionsgeschichte kennt als personifizierter Gestaltwandel am besten Proteus. Ihn bittet Thales um Hilfe und spricht ihn auf die problematische Gestaltlosigkeit des «Zwergleins» Homunkulus (8245) in der Glasflasche an: «Es fragt um Rat und möchte gern entstehn./Er ist, wie ich von ihm vernommen,/Gar wundersam nur halb zur Welt gekommen./Ihm fehlt es nicht an geistigen Eigenschaften,/Doch gar zu sehr am greiflich Tüchtighaften./Bis jetzt gibt ihm das Glas allein Gewicht,/Doch wär' er gern zunächst verkörperlicht» (8246ff.) Proteus nennt sogleich das Meer als natürlichen Ursprungsort, wo die Evolutionsgeschichte des Lebens beginnt und wo auch das natürliche «Entstehn und Sichverwandlen» des Homunkulus anheben muss. Proteus bietet sich denn auch gleich selbst an, Homunkulus ins Meer und mithin ins Element der Lebensentstehung zu tragen. Zu diesem Zweck verwandelt er sich in einen Delphin: «Ich nehme dich auf meinen Rücken/Vermähle dich dem Ozean» (8315ff.). Als Wasserphilosoph unterstützt Thales die Empfehlung des Proteus und rät Homunkulus: «Gib nach dem löblichen Verlangen/Von vorn die Schöpfung anzufangen/Zu raschem Wirken sei bereit!/Da regst du dich nach ewigen Normen,/Durch tausend abertausend Formen,/Und bis zum Menschen hast du Zeit» (8321ff.). Die Natur Goethes, der hier in Thales' Worten spricht, macht keine Sprünge, sondern gehorcht «ewigen Normen». Der natürliche, eigengesetzlich ablaufende Lebensprozess lässt sich nicht zwingen und abkürzen, so wie es Doktor Wagner im Laboratorium geplant hatte und wie es – in Goethes Augen – in den Experimenten Newtons bewerkstelligt werden soll.

In der den zweiten Akt abschließenden Szene *Felsbuchten des Aegäischen Meers* ereignet sich dann im Gewande der antiken Mythologie die Lebensentstehung als die «Vermählung» des Homunkulus «mit dem Ozean», dargestellt als dessen Vereinigung mit der göttlichen Nymphe Galatee. Auf den Wellen kommt diese Meerestochter venusgleich als «lieblichste Herrin» (8378) auf einer großen, von Delphinen gezogenen Muschel angefahren. Es umkreisen Galatees Wassergefährt die Doriden und Nereiden, auf Delphinen, Seepferden und Meereskentauren über das Wasser reitend. Die Sirenen blicken auf die Ägäis und kündigen die unmittelbar bevorstehende «Muschelfahrt» Galatees an: «Leicht bewegt, in mäßiger Eile,/Um den Wagen, Kreis um Kreis,/Bald verschlungen Zeil' an Zeile/Schlangenartig reihenweis,/Naht euch rüstige Nereiden,/Derbe Frau'n, gefällig wild,/Bringet, zärtliche Doriden,/Galatee, der Mutter (d.i. Doris', Vf.) Bild:/Ernst, den Göttern gleich zu schauen,/Würdiger Unsterblichkeit,/Doch wie holde Menschenfrauen/Lockender Anmutigkeit» (8379 ff.).

Offensichtlich verlegt Goethe mit Galatees «Muschelfahrt» eine Italienreminiszenz an die Küsten Griechenlands und zeigt auf der Meeresbühne der *Klassischen Walpurgisnacht* Raffaels Wandgemälde «Triumph der Galatea», das er in der römischen Villa Farnesina gesehen hatte. Raffaels bildnerische Renaissance vor Augen, wiederholt Goethe im Schlussbild der *Klassischen Walpurgisnacht* die Wiedergeburt der antiken Schönheit. Eine triumphale Geste des seiner Sache sicheren Klassikers wird man in dieser Szene jedoch nicht erkennen. Es ist vielmehr das schönste, allerdings auch das letzte Aufgebot, das Goethe in jene Auseinandersetzung mit der Moderne schickt, die er kurze Zeit später als ein aussichtsloses Unterfangen aufgeben wird. Im Blick auf die danach noch, während der ersten Hälfte des Jahres 1831 geschriebenen Szenen der Fausttragödie wird sich der «Triumph der Galatea» nicht als Triumph der Klassik, sondern als deren grandioser Abgesang erweisen. Das erklärt denn auch die beispiellosen Dimensionen der *Klassischen Walpurgisnacht*. Mit 1483 Versen stellt sie die weitaus umfangreichste Szene bzw. Szenenfolge des gesamten Faustdramas und beinahe ein eigenständiges Drama dar.

Bevor das Finale der *Klassischen Walpurgisnacht* mit opernhaften Gesängen einsetzt, ist noch einmal Thales' Rede zu vernehmen und darin die für Goethes Klassik charakteristische Symbiose aus Ästhetik, Philosophie und Naturanschauung: «Wie ich mich blühend freue,/Vom Schönen, Wahren durchdrungen .../Alles ist aus dem Wasser entsprungen!!/Alles wird durch das Wasser erhalten!/Ozean gönn' uns dein ewiges Walten./Wenn du nicht Wolken sendetest,/Nicht reiche Bäche spendetest,/Hin und her nicht Flüsse wendetest,/Die Ströme nicht vollendetest:/Was wären Gebirge, was Ebnen und Welt?/Du bist's der das frischeste Leben erhält» (8434 ff.). Thales' naturphilosophischer Grundsatz «Alles ist aus dem Wasser entsprungen!!» formuliert den Widerspruch zu Wagners Projekt, die Macht über den Ursprung sich anzueignen und die den Gesetzen der Evolution unterliegende Lebensentstehung zu ersetzen durch die Produktion des Lebens in der Phiole. Eben jene Triebkräfte, die am natürlichen Ursprung des Lebens walten und von Wagners Rationalisierungsunternehmen zum Verschwinden gebracht werden sollten, kehren am Ende des 2. Akts mit Macht zurück. Denn im Angesicht des Naturschönen rebelliert Homunkulus gegen seine vollkommen entfremdete Existenz, lässt seine Phiole am Muschelwagen zerschellen und vereinigt sich mit Galatee. Vom Ufer aus verfolgen Nereus und Thales Homunkulus' flammend-leuchtende Phiole, die von Proteus-Delphin zum Muschelwagen Galatees getragen wird: «NEREUS Was flammt um die Muschel um Galatees Füße?/Bald lodert es mächtig, bald lieblich bald süße,/Als wär' es von Pulsen der Liebe gerührt./THALES Homunkulus ist es, von Proteus verführt .../Es sind die Symptome des herrischen Sehnens,/Mir ahnet das Ächzen beängsteten Dröhnens;/Er wird sich zerschellen am glänzenden Thron;/Jetzt flammt es, nun blitzt es, ergießet sich schon» (V. 8466ff.).

Die Sirenen, die von Beginn an das nächtliche Treiben beobachtet haben, bringen das Geschehen auf den Begriff: «So herrsche denn Eros der alles begonnen!» (8479). Nicht anders als Raffaels «Triumph der Galatea» stellt auch Goethes Text den Bezug zur Bild- und Ideenwelt der griechisch-römischen Überlieferung her und variiert das klassische Motiv der Geburt der Venus. «Eros» lautet in diesem Zusammenhang das Stichwort, das die antiken Weltentstehungslehren aufruft. Der Schlusschor der Szene *Felsbuchten des Aegäischen Meers* stimmt dann abermals einen Hymnus auf die für die antike Naturphilosophie so charakteristische Idee vom Ursprung alles Lebens an und besingt als Urgrund des Seins die vier unveränderlichen Elemente Wasser, Feuer, Luft und Erde: «Heil dem Meere! Heil den Wogen!/Von dem heiligen Feuer umzogen;/Heil dem Wasser! Heil dem Feuer!/Heil dem seltnen Abenteuer!/ALL ALLE! Heil den mildgewogenen Lüften!/Heil geheimnisreichen Grüften!/Hochgefeiert seid allhier/Element' ihr alle vier!» (8480ff.).

Blicken wir von dieser Stelle des Textes schon einmal voraus auf das Finale des Gesamtdramas, dann bemerken wir, dass Goethe am Ende der *Klassischen Walpurgisnacht* und in den

Bergschluchten am Ausgang des 5. Akts ein Doppelgemälde entwirft, in dem sich die Venus- und Mariengestalten – wohl auch nach dem Vorbild der vom Italienwanderer Goethe besuchten römischen Galerien – gegenübertreten und gemeinsam die Rolle des «Ewig-Weiblichen» zu übernehmen scheinen, sei es als Sinnbild der Humanitas oder als Inbegriff der Natur und der Schöpfung. Daher wird man das mystische Finale der Tragödie gleichsam als himmlische Spiegelung der klassischen Szenerie ansehen können, die den zweiten Akt beendet. Wie Goethe im 2. Akt dem Meeresfest in den Felsbuchten der Ägäis die Apparate von Doktor Wagners Labor gegenüberstellt, so wiederholt er im letzten Akt die gleiche polemische Konstellation. Dann bildet die Werkstättenlandschaft von Fausts Kolonie den Kontrast zum Geschehen in den *Bergschluchten.* Und zugleich wird Fausts Kampf gegen die Meereswellen im disparatesten Widerspruch zu den Meeresbildern der *Klassischen Walpurgisnacht* stehen (Detering, 234 ff.).

4. Akt

Nach dem griechischen Zwischenspiel des 3. Akts (s. o., S. 79 ff.), das Fausts Negation des schönen Augenblicks vorübergehend außer Kraft gesetzt hatte, lässt Goethe im 4. Akt des 1833 posthum publizierten Gesamttexts – und abermals in Befolgung seines die Kontraste steigernden Kompositionsprinzips – Faust und Mephisto auf das moderne Terrain der von der Wette angetriebenen Handlung zurückkehren. Aus einer Wolke, mit der er «an klaren Tagen über Land und Meer» (10042) fliegend die Heimreise aus Arkadien bewältigt hat, tritt Faust hervor und findet sich in einer Hochgebirgslandschaft wieder. Hier steht er immer noch unter dem Eindruck der griechischen Ereignisse und überlässt sich in Betrachtung der Wolkenformationen seinen Erinnerungen: «ein göttergleiches Fraungebild,/Ich seh's! Junonen ähnlich, Leda'n, Helenen,/Wie majestätisch mir's im Auge schwankt» (10049 ff.). Zur Helena-Assoziation gesellt sich angesichts der im Himmelspanorama aufscheinenden Frauenbilder eine Margarete-Reminiszenz – «Des tiefsten Herzens frühste Schätze quollen auf» (10060) –, ehe die Wolken, und mit ihnen Fausts Imaginationen, am Horizont davonziehen, Mephisto aus dem Gebirge herabsteigt und einen abrupten Stimmungswechsel herbeiführt.

Nachdem er Faust in einen Disput über die divergierenden Weltentstehungslehren gezogen hat, gibt Mephisto dem Gespräch eine überfallartige Wendung und fragt Faust nach seinen Gelüsten: «Doch, daß ich endlich ganz verständlich spreche,/ Gefiel dir nichts an unsrer Oberfläche?/Du übersahst, in ungemeßnen Weiten,/Die Reiche der Welt und ihre Herrlichkeiten; (Matth. 4)/Doch, ungenügsam wie du bist,/Empfandest du wohl kein Gelüst?» (10128ff.) Goethes eigens in den Text eingetragener Zitatnachweis «Matth. 4» bringt die Konversation von Faust und Mephisto in unmittelbare Beziehung zu jener biblischen Versuchungsszene, in der der Diabolos in der Wüste dreimal an Jesus herantritt, um ihn durch das Versprechen grenzenloser irdischer Macht zum Bruch mit dem jüdischen Gesetz zu verlocken. Das dritte Angebot, da der Versucher Jesus auf einen «sehr hohen Berg» führt, «ihm alle Reiche der Welt und ihre Herrlichkeit» zeigt und verspricht, «das alles will ich dir geben, so du niederfällst und mich anbetest», schmettert Jesus mit den Worten ab: «hebe dich weg von mir, Satan, denn es steht geschrieben: Du sollst anbeten Gott deinen Herrn und ihm allein dienen.»

Im Zusammenhang der Fausttragödie macht das Matthäus-Zitat deutlich, dass während der ultimativen Etappe der lebenslangen Arbeit am Tragödienmanuskript der Augenblick gekommen ist, da der letzte Stein eingesetzt wird in die dramatische Gesamtkonstruktion. Wenn nämlich Mephisto im Hochgebirge als wahrhaftiger Versucher an Faust herantritt, dann musste die folgende Handlung über das Schicksal des «Knechts» Faust entscheiden, den nach dem Vorbild des Hiobbuches auf die Probe zu stellen der Herr und Mephisto im *Prolog* von *Faust I* vereinbart hatten. Goethe konnte daher, als er den 4. Akt schrieb und nach über sechs Jahrzehnten endlich die Arbeit am Tragödientext abschloss, im Juli 1831 erleichtert im Tagebuch vermerken: «Die Verbindung gelang mit der Hauptpartie» (WA III 13,

107), weil Fausts Antwort auf die Frage des Versuchers Aufschluss sowohl darüber gibt, ob es Mephisto vermag, Fausts Geist vom Herrn respektive vom «Urquell» abzuziehen, wie auch den Ausgang der Wette besiegelt, in der Faust strikt ausgeschlossen hatte, dass ihm jemals etwas «gefallen» werde an der Welt. In dem von Goethe eröffneten biblischen Horizont ist zunächst bemerkenswert, dass Faust keineswegs seinen Versucher mit der Entschiedenheit Jesu von sich weist. Stattdessen erwidert er Mephistos Herausforderung «Empfandest du wohl kein Gelüst?» mit den überraschenden Worten: «Und doch! Ein Großes zog mich an./Errate!» (10134 f.).

Worauf sich zwischen den beiden ein kurioser Dialog entspinnt, in dem sich Mephisto vergeblich müht, die Attraktion zu erraten, an der Faust Gefallen findet. Die herkömmlichen Versuchungsangebote Mephistos – zunächst der Imperatorenblick auf den «Ameis- Wimmelhaufen» des Volkes (10151), sodann die Aussicht auf uneingeschränkte Befriedigung des sexuellen Begehrens – wehrt Faust brüsk ab, um die Rede schließlich selbst auf jenes «Große» zu bringen, das ihn anzieht. «Dieser Erdenkreis,/Gewährt noch Raum zu großen Taten./Erstaunenswürdiges soll geraten,/Ich fühle Kraft zu kühnem Fleiß» (10181 ff.), ist aus Fausts Mund zu vernehmen, der offenbar seit der Landung im Hochgebirge zu Beginn des 4. Akts, nach der Rückkehr also aus dem Griechenland des 3. Akts, ein anderer geworden ist, was nun gerade Mephisto überfordert, scheinbar jedenfalls. Verwundert fragt er Faust: «Und also willst du Ruhm verdienen?/Man merkt's du kommst von Heroinen» (10185 f.). Faust geht jedoch über die Helena-Anspielung hinweg und teilt seinem Versucher in einer ganz neuen Sprache mit: «Herrschaft gewinn ich, Eigentum!/Die Tat ist alles, nichts der Ruhm» (10187 f.). Das Verlangen nach Herrschaft, Eigentum und entsprechend praktischer Betätigung war von Faust bislang wahrlich nicht zu erwarten. Hatten doch den Pakt mit Mephisto die Flüche Fausts vorbereitet, in denen es hieß: «Verflucht was als Besitz uns schmeichelt,/(...)/Verflucht sei Mammon, wenn mit Schätzen/Er uns zu kühnen Taten regt» (1597 ff.).

Scharfe Konturen gewinnt das auf Herrschaft und Eigentum

ausgerichtete moderne Aktivismusideal, da nun ausgerechnet der von den griechischen Exerzitien der Naturkontemplation herkommende Faust einen Plan zur Bekämpfung der Meereswellen entwirft. Das ganz neue Vorhaben Fausts bringt nicht nur seine eigene Sinnesänderung zum Ausdruck, sondern in ihr bildet Goethe zugleich den revolutionären Bewusstseinswandel während der ersten Hälfte des 19. Jahrhunderts ab. Deutlich wird dieser Zusammenhang, wenn Faust Mephisto von der Beobachtung der Wellenbewegung und ihrer Gezeiten berichtet: «Mein Auge war aufs hohe Meer gezogen,/Es schwoll empor, sich in sich selbst zu türmen./Dann ließ es nach und schüttete die Wogen,/Des flachen Ufers Breite zu bestürmen./Und das verdroß mich. Wie der Übermut (des Meeres, Vf.)/Den freien Geist (Fausts, des Menschen, Vf.), der alle Rechte schätzt,/Durch leidenschaftlich aufgeregtes Blut/Ins Mißbehagen des Gefühls versetzt./Ich hielt's für Zufall, schärfte meinen Blick,/Die Woge stand und rollte dann zurück,/Entfernte sich vom stolz erreichten Ziel;/Die Stunde kommt, sie wiederholt das Spiel» (10 198 ff.).

Mephistos vermeintlich gelangweilter Einwurf «Da ist für mich nichts Neues zu erfahren,/Das kenn ich schon seit hunderttausend Jahren» (10 210 f.) verbirgt unter dem Spott einen lauernden Unterton. Rührt doch Fausts Wellenfaszination an die alles entscheidende Frage des Trauerspiels, die im *Prolog im Himmel* gestellt wurde: ob Faust durch Mephisto vom «rechten Wege» abgelenkt werden könne zum Zwecke eines diabolischen Eingriffs in die Schöpfung des Herrn oder ob Mephisto an ihr immer schon beteiligt sei, weil er in einer prästabilierten Harmonie – ob er es will oder nicht, und sei es per negationem – Fausts «Tätigkeit» antreiben muss zur Mitarbeit an den hohen Schöpfungswerken. Doch gerade durch deren Anblick, angesichts der rhythmisch anbrandenden und abfließenden Wogen, sieht sich Faust im 4. Akt nicht nur ins «Mißbehagen des Gefühls», sondern dann gar in Angst versetzt. Leidenschaftlich fährt er in seinem Bericht über die Beobachtung der Meereswelle fort: «Sie schleicht heran, an abertausend Enden/Unfruchtbar selbst Unfruchtbarkeit zu spenden,/Nun schwillt's und wächst und rollt und überzieht/Der wüsten Strecke widerlich Gebiet./

Da herrschet Well auf Welle kraftbegeistet,/Zieht sich zurück und es ist nichts geleistet./Was zur Verzweiflung mich beängstigen könnte,/Zwecklose Kraft, unbändiger Elemente!/Da wagt mein Geist sich selbst zu überfliegen,/Hier möcht' ich kämpfen, dies möcht' ich besiegen» (10212 ff.).

Die zweck- und leistungslose Kraftvergeudung, die das Naturschauspiel zur Anschauung bringt, lässt Faust – nun offenkundig als Zeitgenosse des kraft- und leistungsbegeisterten 19. Jahrhunderts – den Plan fassen, gegen das Meer zu «kämpfen» und es zu «besiegen»: «Da faßt ich schnell im Geiste Plan auf Plan:/Erlange dir das köstliche Genießen/Das herrische Meer vom Ufer auszuschließen,/Der feuchten Breite Grenzen zu verengen/Und, weit hinein, sie in sich selbst zu drängen./Schon Schritt für Schritt wußt ich mirs zu erörtern;/Das ist mein Wunsch, den wage zu befördern» (10227 ff.). Im letzten Vers fordert Faust Mephisto dazu auf, mitzuwirken an der Verwirklichung des großen Plans. In dessen dramatischer Ausgestaltung führt Goethe am Ende seines Lebens das Tragödiengeschehen auf das Terrain der aktuellsten politischen und ökonomischen Debatte seiner Zeit.

Système industriel: Fausts Plan und der Saint-Simonismus Die 1831 zuletzt noch fehlenden Faustpartien entstehen unter dem Eindruck der Pariser Julirevolution, ein für Goethe schockartiges Erlebnis, weil er in der Julirevolution von 1830 die Reprise der radikalisierten Revolution von 1792 erkennt. Als Wiedergänger der Jakobiner betrachtet Goethe die Anhänger des Industrie- und Arbeitspropheten Saint-Simon (1760–1825). Dem Plan des alten Faust verleiht Goethe dann die Züge der Projekte Saint-Simons und der Saint-Simonisten (Schuchard, 257 ff.; Jaeger 2004, 595 ff.). Saint-Simon nämlich verkündete in einer Art profanem Evangelium nichts weniger als die Realisierung der modernen Utopie, die totale Emanzipation also, und mithin die praktische Umsetzung der faustischen Idee schlechthin, die «Erdeschranken» zu durchbrechen. Verwirklicht werden soll das große Projekt in der als industrielle Produktionsstätte («système industriel») konzipierten Gesellschaft. Industrie, Produktion,

Arbeit und Wissenschaft bilden das Gesamtsystem der gesellschaftlichen Praxis. Arbeit ist in der neuen Welt der Industrie Organisationsinstrument und zugleich einziger Lebenssinn, weil nur die Arbeitsgesellschaft die Emanzipation vorantreibt, zunächst als Aneignung und Unterwerfung der Natur. Die Neugestaltung der Welt wollte Saint-Simon nicht zuletzt durch gewaltige Damm- und Kanalbauten in die Wege leiten.

Als aufmerksamer Leser der Pariser Zeitungen war Goethe über Sozialtheorie und ökonomisches Programm sowie über die profanen Welterlösungsideen der Anhänger und Jünger des Grafen von Saint-Simon stets wohlinformiert. Tagebücher und Briefe belegen – insbesondere zur Zeit der Faustvollendung – das Interesse des Dichters an den saint-simonistischen Programmschriften *Doctrine de St. Simon* und *De La Religion Simonienne* (WA III 13, 81/HABfe 4, 434), die er als charakteristischen ideologischen Ausdruck nicht nur der Julirevolution, sondern der in seinen Augen seit 1789 andauernden Revolutionsära zu bewerten schien. Mit dem allergrößten Unbehagen las Goethe jene Pariser Manifeste, in denen ein technisch-industrieller Umbau von Natur und Gesellschaft angekündigt wurde. Dabei trat ihm die komplette Unzeitgemäßheit seines eigenen Wissenschaftsprinzips der Naturkontemplation vor Augen, wurde doch das neue Universalsystem von Saint-Simon gleichsam als Anwendung von Newtons physikalischem Weltbild auf die Gesellschaft konzipiert. Saint-Simon selbst gewann unter seinen Anhängern die Statur eines neuen «Newton der Geschichte». Die Verzweiflung Goethes angesichts solcher vermeintlich naturwissenschaftlicher Sozial-, Wirtschafts- und Weltpläne, durch eine an Newtons Physik angelehnte «Physico-politique» die «Genesis zu überbieten» und das «irdische Paradies» herzustellen, muss grenzenlos gewesen sein (Wagner, 66 f.; 388 f.; Jaeger 2014, 44–60).

Im Kollektiv der Arbeitenden, so Saint-Simons Organisationsplan, gewinnt das Individuum seine soziale Stellung und mit ihr Bedeutung ausschließlich in Rücksicht auf seine Produktivität: «Jedem nach seiner Fähigkeit, jeder Fähigkeit nach ihren Leistungen», so lautet die unhintergehbare Verteilungsdoktrin im «régime industrielle», in dem unproduktive Müßiggänger («oisifs») nicht mehr geduldet werden (Jaeger 2014, 49). Eigentum und Vermögen erwirbt sich der Einzelne allein aufgrund seiner Arbeitsleistung im Produktionsprozess. Saint-Simon postuliert indessen nicht nur die Aufhebung des herkömmlichen Erbrechts, sondern des Erbes im Allgemeinen und negiert die dem Industrialismus im Wege stehenden traditionellen und religiösen Werte insgesamt. Auf den Trümmern der alten Welt geleiten die Jünger Saint-Simons die Arbeitsgesellschaft ins moderne Königreich des aus allen Natur- und Überlieferungsschranken befreiten Menschengeschlechts. Seinem Kommando folgend, werden sich Berge senken, es werden Flüsse ihren Lauf ändern, Wälder und Äcker Tribut zahlen müssen.

Zu den Saint-Simonismus-Anspielungen – mitunter wörtlichen Zitaten –, die Goethe Faust und Mephisto in den Mund legt, gehört nun gerade auch jenes die Herrenrede des Hiobbuches umkehrende profane Manifest der *Religion Saint-Simonienne,* das die zweite Schöpfung durch Technik und Industrie feiert: «Du beherrschst die Stürme, regierst die Winde», so ruft darin der saint-simonistische Evangelist dem prometheischen Menschen der Moderne zu – und Goethe lässt Faust nach dieser Verkündigung handeln –, «du bist es, der den Damm aufrichtet (...). Du bist es, der zum aufgewühlten Meer sagt: Du kommst bis hierher, Du gehst nicht weiter» (Jaeger 2014, 492).

Da nun Fausts Unternehmen, «das herrische Meer vom Ufer auszuschließen», von Goethe offensichtlich nach dem Vorbild der saint-simonistischen Utopie konzipiert wurde, wird auch die Beantwortung der Schlüsselfrage der Fausttragödie in jenen Hauptwiderspruch zwischen Überlieferung und Revolution hineingezogen, der die zeitgenössische politische und ideologische Debatte beherrscht. Einerseits nämlich hat ein gleichsam verwandelter Faust zu Beginn der Versuchungsszene in ungewohnt realistischer Selbstbescheidung seines ehedem unbedingten Wirkungswillens verkündet, «dieser Erdenkreis gewährt noch Raum zu großen Taten», so dass sich die Zuversicht des Herrn des *Prologs im Himmel* erfüllen könnte, am Ende werde der ihm zunächst nur «verworren» dienende Knecht Faust den «rechten Weg» zurückfinden zu dem, philosophisch gesprochen, «Seyn des Seyns, das ewig lebt». Das Kontinuum der europäischen Überlieferung wäre gewahrt.

Auf der anderen Seite jedoch hat Goethe in den zuletzt geschriebenen Tragödienpartien Fausts Vorhaben mit allen Insignien eben jenes für das 19. Jahrhundert typischen Prometheusprojekts einer zweiten Schöpfung ausgestattet, das nun gerade den radikalen Bruch mit der philosophischen und religiösen Überlieferung herbeiführen und die naturgegebenen und historisch bedingten «Erdeschranken» ein für allemal aufsprengen wollte.

In der einen Perspektive wird man daher über Fausts Meeresplan feststellen können: «Jetzt rücken die anfängliche ‹Tat› der Weltschöpfung (des Herrn, Vf.) und seine (Fausts, Vf.) eigene ‹Tat› zusammen!» (Schings 2011, 452). Faust bleibt sich «in seinem dunkeln Drange (...) des rechten Weges wohl bewußt», wird am Ende des Dramas gleichsam zu einem Mitarbeiter des ursprünglichen Schöpfungsplans des Herrn und «partizipert an der Genesis», wie tragisch auch immer dessen Realisierung ausfallen mag (Schings 2017, 244).

In der anderen Blickrichtung jedoch wäre in genauer Umkehrung der Situation im Buch Hiob davon zu sprechen, dass der moderne Gottesknecht Faust von seiner Klage über das peinigende Dasein innerhalb der «Erdeschranken» zur Revolte gegen den Herrn übergeht, als neuer Prometheus des beginnenden Industriezeitalters die zweite, moderne Schöpfung ins Werk setzt und im usurpatorischen Sinne der *Religion Saint-Simonienne* zum Meer spricht: «Du kommst bis hierher, du gehst nicht weiter.» Es würde der, um mit Karl Löwith zu sprechen, «revolutionäre Bruch im Denken des 19. Jahrhunderts» die Verbindung von Fausts «Geist» zu «seinem Urquell» abreißen lassen. Goethes Text brächte, avant la lettre, einen Vorschein von Marx und Nietzsche in den Blick (Jaeger 2014, 489 ff.; Löwith 1988, 41–45).

Womöglich ist auch dieser dem Tragödientext inhärente Dissens der Deutungsmöglichkeiten abermals dem Arbeitsprinzip des Faustautors geschuldet, die «Widersprüche disparater» zu machen, dann aber auch seiner fragmentarischen Arbeitsweise, bei der es nicht ausbleiben kann, dass die im Verlauf von über sechzig Jahren aus höchst heterogenen Bruchstücken zusammengesetzte Faustkonfession durchaus konträre Auslegungen zulässt. Folgt man jenen Zeichen im Text – wie es im Folgenden geschehen soll –, die darauf hindeuten, dass Goethe nun gerade in den 1831 verfassten Faustszenen auf den «revolutionären Bruch» der europäischen Überlieferung schaut, ist gleichwohl zu betonen: Goethe war kein pessimistischer Untergangsprophet. Das teleologische Denken der modernen Geschichtsphilosophie hat er konsequent nicht nur in seiner utopischen Gestalt, sondern eben auch in seiner apokalyptischen Spielart abgelehnt. Die Überzeugung jedoch, Zeitgenosse eines Epochenbruchs zu sein, zieht sich wie ein roter Faden durch Briefe, Gespräche und Tagebücher Goethes während seiner letzten Lebensjahre. In diesem Sinne heißt es im Juni 1825 in Goethes Brief an Carl Friedrich Zelter: «Laß uns soviel als möglich an der Gesinnung halten in der wir herankamen, wir werden, mit vielleicht noch Wenigen, die Letzten sein einer Epoche die sobald nicht wiederkehrt» (MA 20.1, 851; Jaeger 2004, 37 ff.).

Die Selbsteinschätzung, der «Letzte» einer auslaufenden Epoche zu sein, hat Goethe im 5. Akt der Fausttragödie in ein dramatisches Bild verwandelt. Bevor hier jedoch die von Mephisto beförderte Verwirklichung von Fausts großem Plan vonstattengehen konnte, mussten die beiden Protagonisten zunächst als moderne Unternehmer an den Meeresstrand versetzt werden. Noch im 4. Akt lässt sie Goethe daher zurückkehren in die Sphäre von Politik und Ökonomie, an den Schauplatz nämlich ihrer scharlatanhaften Finanzoperation, den sie am Ende des 1. Akts fluchtartig verlassen hatten. Mephisto fasst das Zerstörungswerk, das die betrügerische Geldschöpfung unterdessen angerichtet hat, zusammen: «Der gute Kaiser schwebt in großen Sorgen,/Du kennst ihn ja. Als wir ihn unterhielten,/Ihm falschen Reichtum in die Hände spielten,/Da war die ganze Welt ihm feil» (10 243 ff.). Unverblümt schildert Mephisto die fatalen Folgen der Finanzmanipulationen. «Indes zerfiel das Reich in Anarchie,/Wo groß und klein sich kreuz und quer befehdeten/

Und Brüder sich vertrieben, töteten./(...)/Was sich nur ansah waren Feinde./In Kirchen Mord und Totschlag, vor den Toren/ Ist jeder Kauf- und Wandersmann verloren» (10261 ff.). Das Bürgerkriegsgeschehen gibt Faust und Mephisto einmal mehr die Gelegenheit, als Retter in der Not an die Seite des Kaisers zu treten, dessen Widersacher sie mit äußerster Brutalität und einer revolutionären Gefechtsstrategie in die Flucht schlagen. Abermals hat Goethe in diesen Szenen seinen Beobachtungen des Zeitgeschehens, nicht zuletzt als «Zeitzeuge der Napoleonischen Kriege», ein historisierendes Gewand verliehen (Schöne 2017, 670). Zum Dank für die wundersame militärische Hilfe wird Faust vom Kaiser des «Reiches Strand verliehn» (11036).

5. Akt

Der Auftritt des Wanderers Folgerichtig setzt der 5. Akt mit einer Strandszene ein. Im weiteren Verlauf des Geschehens öffnet sich die Aussicht auf eine Damm- und Kanalbaustelle, ein für die jetzt anhebende Epoche der industriellen Revolution «emblematischer» Ort (Osterhammel, 980). Dort sind bereits die Dampfmaschinen im Einsatz, die gewaltige Kanäle ausheben und riesige Dämme aufschütten, um Fausts «Plan» zu verwirklichen. Die Transformation der Welt, die hier ins Werk gesetzt wird, steht freilich im krassen Widerspruch zu jenem nun gleichfalls in den Blick kommenden Areal überlieferter Lebensverhältnisse, das in zahlreichen Motiven auf die Verwandlungssage von Philemon und Baucis im achten Buch der *Metamorphosen* Ovids anspielt. Eine neue, ungleich dramatischere Version der alten Querelle des anciens et des modernes kündigt sich an. Ein Wanderer betritt die Bühne, allenthalben in der «großen Konfession», die Goethe in seinen Werken ablegt, als Alter ego des Autors unterwegs (Jaeger 2014, 454 ff.).

Von einem Dünenhügel, scheinbar in der Nähe des Meeresstrands, schaut der Wanderer auf einen Lindenhain. Den folgenden Rückblick auf das entscheidende Glücksereignis seines Lebens leitet er mit dem enthusiastischen Ausruf «Ja!» ein. Angesichts der alten Bäume und einer darunter gelegenen Hütte bemerkt er, dass er jenen Ort wiedergefunden hat, wo er einstmals von den beiden Bewohnern der Hütte als Schiffbrüchiger gerettet wurde. Philemon und Baucis heißen seine Lebensretter, so erinnert sich der Wanderer, der mit ihren Namen den antiken Mythos von der klassischen Zivilisationstugend der Gastfreundschaft aufruft: «Ja! sie sinds die dunkeln Linden,/Dort, in ihres Alters Kraft./Und ich soll sie wieder finden,/Nach so langer Wanderschaft!/Ist es doch die alte Stelle,/Jene Hütte, die mich barg,/Als die sturmerregte Welle/Mich an jene Dünen warf!/Meine Wirte möchte' ich segnen,/Hülfsbereit, ein wackres Paar» (11043 ff.). «Wiederfinden» lautet das goethespezifische Glücks- und Signalwort der Wandererverse. Zurückgekehrt an die «alte Stelle», ruft der Wanderer noch einmal die Szenen seines Schiffbruchs in Erinnerung. Zunächst Baucis zugewandt: «Sage Mutter bist Dus eben,/Meinen Dank noch zu empfahn,/ Was du für des Jünglings Leben/Mit dem Gatten einst getan?/Bist du Baucis, die, geschäftig,/Halberstorbnen Mund erquickt?» – Und daraufhin Philemon ansprechend: «Du Philemon, der, so kräftig,/Meinen Schatz der Flut entrückt?/Eure Flammen raschen Feuers,/Eures Glöckchens Silberlaut,/Jenes grausen Abenteuers/Lösung war euch anvertraut» (11063 ff.).

Die Rettung aus dem Schiffbrucherlebnis gab dem Dasein des Wanderers eine Wendung zum Vertrauen in die eigene Existenz und zum Lebensglück, weil sie in der Begegnung mit den menschenfreundlichen Lebensrettern zur euphorischen Erfahrung der Humanität verhalf und eine Welt erschloss, der man nicht als Fremder ausgeliefert ist, sondern in der man zu Hause ist. Gerade aber die dieses Erlebnis ermöglichende philanthropische Zivilisation hat in dem legendären Glücksbild der Antike, das in den Namen von Philemon und Baucis anklingt, einen klassischen Ausdruck gefunden. Anlässlich der Wiederbegegnung mit jenem Ort, an dem er aus seiner Existenzkrise gerettet wurde, will der Wanderer der dankbaren Erinnerung an dieses Ereignis eine gleichsam spirituelle Form geben: «Und nun laßt hervor mich treten,/Schaun das grenzenlose Meer;/Laßt mich knien, laßt mich beten,/Mich bedrängt die Brust so sehr» (11075 ff.).

Wanderers Verstummen Das Bild des die Natur anschauenden Wanderers, dessen Naturkontemplation die Beruhigung der bedrängten Brust herbeiführen soll, wird man als ein Leitmotiv des goetheschen Gesamtwerks ansehen können. Seine prominenteste lyrische Gestalt hat es in jenen beiden Gedichten angenommen, die mit *Wandrers Nachtlied* überschrieben sind. In der Betrachtung der während der Abenddämmerung still werdenden Natur, so führt es das zweite, später entstandene Wandererlied vor, gewinnt das über die Anschauung der Berggipfel und Baumwipfel, der Pflanzen und Tiere zu sich selbst kommende Bewusstsein die gleiche Stille. «Balde/Ruhest du auch», lauten daher die Schlussverse der lyrischen Meditation (MA 2.1, 53).

Im Faustdrama vernehmen wir 1831 allerdings Goethes resignative Einsicht, dass die Zeiten für solche Kontemplationsexerzitien vorbei sind. An dieser Stelle des Tragödientexts bricht jener Konflikt aus zwischen Kontemplation und Aktion – in Goethes Darstellung als polemischer Widerspruch von klassischer Muße (im Bezirk von Philemon und Baucis) und moderner Arbeit (auf Fausts Baustelle) –, den später Marx als unversöhnlichen Gegensatz zwischen der Weltinterpretation der klassischen Philosophie und der Weltveränderung durch die moderne Ökonomie zur Epochensignatur gemacht hat (Marx/Engels 3, 3–7). Philemon kündigt eine fundamentale Störung der Wanderermeditation an. Zu Baucis bemerkt er, da er den Wanderer über die Düne gehen sieht: «Laß ihn rennen, ihn erschrecken,/ Denn er glaubt nicht was er sieht» (11081 f.). Es gibt in Goethes Werk nur wenige Szenen, die ein ähnlich gewaltiges Irritationspotential enthalten wie der Auftritt des zunächst euphorischen, seine Lebensretter wiederfindenden Wanderers, der jedoch, als er das Meer anschauen will, von Entsetzen gepackt wird, dorthin rennt, wo einstmals der Strand war, und daraufhin vor Schrecken verstummt. In seinen Augen zeigen sich nämlich weder das Meer noch der Strand noch die Natur noch irgendeine «alte Stelle», schaut er doch auf jenes moderne Terrain, wo unterdessen Fausts Plan verwirklicht und das Meer durch kolossale Naturumbauten in Land verwandelt wurde.

Im nächsten Moment, nach dem unglaublichen Blick von der

Meeresdüne, sehen wir «am Tische zu drei, im Gärtchen», Philemon, Baucis und den Wanderer. Baucis bemerkt, dass es dem Wanderer die Sprache verschlagen hat: «Bleibst du stumm? und keinen Bissen/Bringst du zum verlechzten Mund?» (11 107 f.). Bis zu jenem katastrophischen Augenblick, da sich seine Spur im Inferno des Bezirks von Philemon und Baucis verliert, wird der Wanderer fortan stumm bleiben, zumal das, was Baucis mitteilt über das Geschehen auf der großen Damm- und Kanalbaustelle, Fausts Transformation der Welt vollends ungeheuerlich erscheinen lässt: «Wo die Flämmchen nächtig schwärmten/Stand ein Damm den andern Tag./Menschenopfer mußten bluten,/Nachts erscholl des Jammers Qual,/Meerab flossen Feuergluten,/Morgens war es ein Kanal» (11 125 ff.). Bei den nächtlichen «Flämmchen», von denen Baucis berichtet, handelt es sich um die Flammen der Dampfmaschinen, seinerzeit Feuermaschinen genannt, die ununterbrochen, auch nachts, auf Fausts Baustelle bereits in Betrieb sind.

Fausts Fluch Will der Wanderer das «grenzenlose Meer» betrachten, um auf diese Weise zur Bewusstseinsruhe zu gelangen, begehrt Faust, wie wir es im 4. Akt von ihm gehört haben, «der feuchten Breite Grenzen» desselben Meeres «zu verengen/Und, weit hinein, sie (die ursprünglich grenzenlose Weite des Meeres, Vf.) in sich selbst zu drängen.» Im genauen Widerspruch zum Wanderer hat Goethe auch Fausts Blick auf die Gefilde von Philemon und Baucis konzipiert. Dort läutet eine Glocke. Ihr Klang provoziert Fausts Verwünschung im exakten Gegensatz zum enthusiastischen «Ja» des Wanderers: «FAUST *auffahrend.* Verdammtes Läuten! Allzuschändlich/Verwundets, wie ein tückischer Schuß,/Vor Augen ist mein Reich unendlich,/Im Rücken neckt mich der Verdruß,/Erinnert mich durch neidische Laute:/Mein Hochbesitz er ist nicht rein,/Der Lindenraum, die braune Baute (die Hütte von Philemon und Baucis, Vf.)/Das morsche Kirchlein (ihre Kapelle, Vf.) ist nicht mein./Und wünscht' ich dort mich zu erholen,/Vor fremden Schatten schaudert mir,/Ist Dorn den Augen, Dorn den Sohlen,/O! wär ich weit hinweg von hier!» (11 151 ff.).

Wird der Wanderer durch den Glockenton im Bezirk von Philemon und Baucis an den Moment seiner Rettung erinnert, weshalb er die beiden Alten und ihre Welt «segnen» will, wird Faust hingegen durch den Anblick derselben Szenerie in Verzweiflung gesetzt, weshalb er sie verflucht: «Das verfluchte hier!/Das eben leidig lastets mir./Dir Vielgewandtem (d.i. Mephisto, Vf.) muß ichs sagen,/Mir gibts im Herzen Stich um Stich,/Mir ists unmöglich zu ertragen!/Und wie ichs sage schäm' ich mich./Die Alten droben (Philemon und Baucis auf ihrer Düne, Vf.) sollten weichen,/Die Linden wünscht ich mir zum Sitz,/Die wenig Bäume, nicht mein eigen,/Verderben mir den Welt-Besitz./Dort wollt ich, weit umher zu schauen,/Von Ast zu Ast Gerüste bauen,/Dem Blick eröffnen weite Bahn,/Zu sehn was alles ich getan» (11233ff.). Die Betonung des abschließenden Verses liegt auf «ich». Faust will sich selbst in den Produkten seiner Arbeit sehen, und das nun gerade beim Blick in die unendliche Weite. Die ganze Welt soll «Ich» werden, so Fausts Eigentums- und Herrschaftsanspruch, der Prometheus' Revolte in der modernen Variante der industriellen Revolution wiederholt.

Im Widerspruch zwischen dem segnenden Wanderer und dem fluchenden Faust kehrt am irdischen Ende der Tragödie jene Hiobkonstellation und mithin die Alternative zwischen Segnen und Fluchen wieder, die der *Prolog im Himmel* angekündigt und die die Studierzimmerszenen in moderner Variation ausgeführt hatten. Im Unterschied jedoch zum Protagonisten des biblischen Buches, der den Weg zurück zur Geduld und zum Segnen findet, wiederholt Faust im letzten Akt der Tragödie seinen Fluch, zwar nicht auf den Herrn, aber doch auf das Hiersein und auf das darin Gestalt annehmende «Seyn des Seyns, das ewig lebt». Dahinter verbirgt sich sicherlich nicht Goethes Rückkehr zur altertümlichen Legende vom Doktor Faustus und seines «Abfalls von Gott», aber eben doch Goethes Einsicht in eine revolutionäre Epochenwende. In ihrer konkreten Konsequenz, als Beginn nämlich des Industriezeitalters, konnte sie Goethe nicht vorhersehen, als er um 1800 den *Prolog* schrieb. Als er dann aber 1831 die Tragödie vollendete, bestimmte die neue Zeit bereits die Lebenswirklichkeit. Jetzt bediente sich

Goethe ein weiteres Mal der Faustgeschichte, um dem Zeitenbruch einen poetischen Ausdruck zu geben und das Tragödienmanuskript als dramatische Phänomenologie der Revolutionsära zwischen 1789 und 1830 abzuschließen. Diesen zeitdiagnostischen roten Faden seiner Dichtung wieder aufgreifend, gab er dem Faust des 5. Akts nun erst recht die Konstitution eines Repräsentanten der revolutionstypischen Prozess- und Praxisfaszination. Dabei verwandelte er während der letzten Arbeitsphase im Sommer 1831 Fausts Kolonisationsplan, den Meeresboden in Ackerland umzugestalten, in ein Bild für die große Transformation der Welt, die im 19. Jahrhundert durch die industrielle Revolution ins Werk gesetzt wird und die einhergeht mit einem fundamentalen Bruch der Überlieferung. Das Ende Alteuropas, das durch diese Epoche besiegelt wird, übersetzt Goethe in das – in seinem Horizont schlechterdings bedeutungsschwerste – literarische Symbol eines Endes der Metamorphose.

Kolonisation: Das Ende der Metamorphose und das Ende Alteuropas Auf Fausts Protest gegen die nicht von ihm selbst gemachte, immer schon daseiende naturbedingte oder geschichtsbestimmte Welt von Philemon und Baucis antwortet eine Wendung seines Kanal- und Dammbauprojekts, in die Faust von Mephisto hineingezogen wird. Denn naturgemäß lässt sich Mephisto Fausts Fluch auf das Hiersein der beiden Alten und ihres Lindenhains nicht entgehen und gibt das Stichwort: «Was willst Du Dich denn hier genieren,/mußt Du nicht längst kolonisieren» (11 273 f.). Faust erteilt Mephisto den Kolonisationsauftrag, und entsprechend ungeniert geht die Kolonisierung von Hütte, Kapelle und Baumhain von Philemon und Baucis dann auch vonstatten.

Darüber berichtet in einem atemberaubenden Perspektivwechsel Lynceus, jene aus dem 3. Akt herkommende antike Gestalt. Beim Türmerblick über die Welt erinnert er sich zunächst der klassischen Eudämonie: «Ihr glücklichen Augen,/Was je ihr gesehn,/Es sei wie es wolle,/Es war doch so schön!» (11 300 ff.). Wir wissen unterdessen, was es mit dem Ausruf «so schön!» in der «großen Konfession» Goethes auf sich hat, steht doch die

Negation der in den Worten «Verweile doch! du bist so schön!» laut werdenden Empfindung im Zentrum des Pakts, den Faust mit Mephisto schließt. Und zugleich erklingt das euphorische Bekenntnis «so schön!» – und die Bitte, in diesem Augen- und Anblick «verweilen» zu dürfen – im Cantus firmus der Erinnerungen des Italienwanderers Goethe. Wiederum die schroffste Fassung gewinnt der Widerspruch zwischen der Faust- und der Wandererfigur, wenn wir mit Lynceus im nächsten Moment der «tiefen Nacht» des 5. Akts in die von Mephisto entzündete «wildentbrannte Hölle» schauen (11323), in der die schöne Welt von Philemon und Baucis verbrennt. Seine Katastrophenschilderung lässt Lynceus in den resignativen Versen ausklingen: «Bis zur Wurzel glühn die hohlen/Stämme (die Lindenstämme im Baumhain von Philemon und Baucis, Vf.), Purpurrot im Glühn. –/*Lange Pause, Gesang*/Was sich sonst dem Blick empfohlen,/Mit Jahrhunderten ist hin» (11334ff.).

Diese im Wortsinne radikale – «bis zur Wurzel» reichende – Brandrodung der jahrhundertealten Überlieferung hatte Mephisto zuvor in Anspielung auf das biblische erste *Buch der Könige* in den Worten «Auch hier geschieht was längst geschah,/ Denn Naboths Weinberg war schon da (REGUM I. 21.)» (11286f.) angekündigt, ehe er zusammen mit den «drei gewaltigen Gesellen» das Areal von Philemon und Baucis zerstörte. Mephisto berichtet dann auch selbst über das Kolonisationsgeschehen. In seinen Worten treibt der Faustautor das Verfahren, die Philemon-und-Baucis-Legende der ovidischen *Metamorphosen* bedeutungsumkehrend zu zitieren, auf die Spitze. Mephisto zu Faust: «Wir aber haben nicht gesäumt/Behende Dir sie (Philemon und Baucis, Vf.) weggeräumt./Das Paar hat sich nicht viel gequält/Vor Schrecken fielen sie entseelt./Ein Fremder (der Wanderer, Vf.), der sich dort versteckt/Und fechten wollte, ward gestreckt./In wilden Kampfes kurzer Zeit,/Von Kohlen, ringsumher gestreut,/Entflammte Stroh. Nun loderts frei,/Als Scheiterhaufen dieser Drei» (11360ff.). In den Flammen des von Mephisto entzündeten Scheiterhaufens verflüchtigt sich die Metamorphose, jenes Kunst und Wissenschaft, Selbst- und Weltbetrachtung verbindende Leitprinzip Goethes, das er ursprünglich der Ovidlektüre entnommen hatte. Und offenkundig ist das ungeheuerliche Bild vom Scheiterhaufen, auf dem Philemon, Baucis und, wie wir von Mephisto hören, auch der Wanderer umkommen, Goethes dramatisches Symbol für den vom 19. Jahrhundert vollzogenen «revolutionären Bruch» in der europäischen Geschichte.

Zuvor hatte sich am Anfang des 5. Akts noch einmal das Panorama der alten Welt geöffnet. Sie tritt in den Blick in Gestalt von Philemon und Baucis und ihrer Hütte, die in Ovids lateinischer Legende Jupiter und Merkur Asyl bietet, weshalb die dankbaren göttlichen Wanderer die Behausung der gastfreundlichen beiden Alten in einen griechisch-römischen Tempel verwandeln. Aus ihm lässt Goethe eine christlich anmutende Kapelle werden. Hier «läuten» Philemon, Baucis und der Wanderer – die Glocke, die Faust enerviert –, ehe sie «knien, beten!/ Und dem alten Gott vertraun» (11 141 f.). Es ist der alte Gott Europas, den sie ein letztes Mal anrufen und dem sie unter den vollkommen veränderten Verhältnissen vergeblich vertrauen. Der die überlieferte Kultur repräsentierende heilige Baumhain von Philemon und Baucis verglüht in den Flammen des Faustdramas, und aus der Asche dieser Tradition wird kein Phönix mehr aufsteigen können. Eine Aufhebung im doppelten Wortsinne des hegelschen und, daran anschließend, des modernen Geschichtsdenkens findet bei Goethe nicht statt. Mephistos Negationsprozess lässt gar nichts übrig, was dann in den dialektischen Wendungen der Geschichtsbewegung aufgehoben werden könnte für die Zukunft. Das überlieferte Prinzip der Metamorphose wird ersetzt durch die moderne Verwandlung der Welt, die im Rauch der bereits auf Fausts Dammbaustelle arbeitenden Dampfmaschinen ihr zeitgemäßes Symbol findet.

In der historischen Retrospektive gewinnen wir daher den Eindruck, als ließe sich Goethes 1831 verfasste Darstellung der prekären Nachbarschaft zwischen dem Lindenhain von Philemon und Baucis sowie Fausts Großbaustelle als Illustration der 1848 von Marx und Engels im *Manifest der kommunistischen Partei* beschriebenen Ausgangslage der industriellen Revolution lesen. Wie andererseits dann auch die berühmteste Passage des

Manifests das Geschehen des 5. Akts der Fausttragödie zu erläutern scheint: «Alles Ständische und Stehende verdampft (im Dampf nämlich der Dampfmaschinen, Vf.), alles Heilige wird entweiht, und die Menschen sind endlich gezwungen, ihre Lebensstellung, ihre gegenseitigen Beziehungen mit nüchternen Augen anzusehen» (Marx/Engels 4, 465). Im Unterschied zu Marx jedoch hat Goethe in der großen Ernüchterung kein utopisches Potential im Sinne eines wie auch immer dialektisch fortschreitenden welthistorischen Rationalisierungsprozesses erkannt.

Fausts Utopie, Goethes Ironie Die Operation, das Faustmanuskript zu «räuchern», mit der Goethe in Tischbeins Wohnung am römischen Corso begonnen hatte, führte er über vierzig Jahre später in den letzten irdischen Szenen der Tragödie zu einem ungeheuer konsequenten Abschluss. Zugleich gewinnt darin auch der seit Goethes Erlebnis des Südens die «große Konfession» prägende Widerspruch zwischen Faust und dem Wanderer seine definitive Gestalt. Der wanderertypischen «Entäußerung von aller Prätention» (MA 15, 157) im Angesicht der schönen mediterranen Welt steht am irdischen Schlusspunkt der Tragödie die radikal subjektive Steigerung des Selbstgefühls Fausts zur «schieren Intention» polemisch gegenüber (Boyle 1982, 41). Das befreiende Erlebnis der Außenwelt, das der Italienwanderer in der «Übung, alle Dinge wie sie sind zu sehen» und das «Auge Licht» sein zu lassen (MA 15, 157), gesucht und gefunden hat, erhält in der *Mitternacht* des 5. Akts sein genaues Gegenbild, wenn Faust unter dem Anhauch der Sorge das Sehvermögen einbüßt und, nur noch jenem realitätslosen «Licht» folgend, das «allein im Innern leuchtet» (11 500), das Spatengeklirr der Lemuren, die in Mephistos Auftrag sein Grab ausheben, verwechselt mit dem Schaufellärm der Kanalarbeiter. Auch glaubt der blinde Faust, auf der Dammkrone zu stehen und in das von ihm – auf dem ehemaligen Meeresboden – neu geschaffene «paradiesisch Land» zu schauen. Im Zustand dieser «furchtbaren Täuschung» (Michelsen, 165) spricht er seinen berühmten Schlussmonolog: «Das ist der Weisheit letzter Schluß:/Nur der verdient sich Freiheit wie das Leben,/Der täglich sie erobern muß./Und so verbringt, umrungen von Gefahr,/Hier Kindheit, Mann und Greis sein tüchtig Jahr./Solch ein Gewimmel möcht ich sehn,/Auf freiem Grund mit freiem Volke stehn» (11 574 ff.).

In Fausts Emanzipationsvision scheinen noch einmal die Konturen von Saint-Simons «système industriel» auf, in dem alle, «Kindheit, Mann und Greis», ausnahmslos Arbeiter sind, die nach der strikten Distributionsregel «jedem nach seiner Produktionsleistung» entlohnt werden und «nur» aufgrund ihrer «täglichen» Arbeit «sich Freiheit wie das Leben» verdienen. Frei ist die Arbeitsgesellschaft in dieser modernen Utopie, weil sie alle Bedingungen des Seins, gleichgültig, ob sie von der Natur oder der Geschichte bestimmt waren, negiert hat. Das Volk ist in dieser spezifisch modernen Perspektive dann frei, wenn es den Grund des Lebens selbst produziert, den Grund alles Seins selbst macht und dessen Herr ist und alle Natur- in Produktionsverhältnisse verwandelt hat. Von Fausts Utopie und von dem darin vollzogenen «revolutionären Bruch im Denken des 19. Jahrhunderts» öffnet sich die Perspektive zu Hannah Arendts Studien über die Situation des modernen Menschen, in denen sie die irritierende Frage stellt: «Sollte das, was die Aufklärung für die Mündigkeitserklärung des Menschen ansah, und was in der Tat eine Abkehr zwar nicht von Gott überhaupt, aber von dem Gott bedeutete, der den Menschen ein Vater im Himmel war, schließlich bei einer Emanzipation des Menschengeschlechts von der Erde enden, die, soviel wir wissen, die Mutter alles Lebendigen ist?» (Arendt, 8 f.).

Man kann Arendts Überlegung gleichsam als pointierte Zusammenfassung der Literatur- und Ideengeschichte Fausts ansehen: Protestiert der alte Faust der überlieferten Legende gegen den Vater im Himmel und mithin gegen den Gott der Bibel und der Theologie, so endet dieser Prozess in Goethes Neukonzeption der Faustfigur bei der Emanzipation des Menschengeschlechts von der Erde, beim Protest also gegen die «Mutter alles Lebendigen». Weder Faust noch Mephisto behalten allerdings das letzte Wort bei Goethe. Zu den «sehr ernsten Scherzen», die er als Faustautor gemacht hat, zählt nämlich vor allem das Finale der Tragödie, in dem ein mystischer Chor nun ausgerechnet die «Mutter alles Lebendigen» besingt.

Zuvor jedoch schließt Goethe die von Wette und Pakt angetriebene Handlung in den letzten Versen der Freiheitsvision Fausts ab: «Zum Augenblicke dürft' ich sagen:/Verweile doch, Du bist so schön!/Es kann die Spur von meinen Erdetagen/ Nicht in Äonen untergehen. –/Im Vorgefühl von solchem hohen Glück/Genieß ich jetzt den höchsten Augenblick» (11 581 ff.). Kaum hat Faust die Worte vom Genuss des Augenblicks gesprochen, sinkt er tot zu Boden, wie es der einst im Studierzimmer geschlossene Pakt festgelegt hatte. Nach den Paktbestimmungen müsste jetzt Mephisto zum Zuge kommen, der auch gleich mit seiner Gegenvision vom «Ewig-Leeren» zur Stelle ist, allerdings in der folgenden Szene *Grablegung* vergeblich versucht, Fausts Seele zu erhaschen. Sie wird von einer einschwebenden Engelsschar gerettet, die in der letzten Szene, *Bergschluchten*, schließlich «Faustens Unsterbliches» durch eine Meditationslandschaft in die höchste Gebirgsregion trägt. Sie ist erfüllt von den Mariengesichten eines ekstatischen Einsiedlers, denen sich die Imaginationen biblischer Frauenfiguren und schließlich einer Büßerin, «sonst Gretchen genannt», hinzugesellen, allesamt Repräsentantinnen einer bedingungslos liebevollen Gnade und eines Erlösungsgeschehens, das sich völlig unabhängig von jeglichen Werk-, Leistungs-, Arbeits- und Verdienstprinzipien entfaltet. Im Synkretismus der *Bergschluchten*, der insbesondere die Motive des katholischen Marienkults ins Bühnenbild integriert, erlaubt sich der Faustautor zuletzt eine höchst unorthodoxe Auslegung der lutherischen Sola-Gratia-Rechtfertigungslehre. Denn die hilfreichen Frauen des Tragödienschlusses, die die himmlische Versöhnung nach den irdischen Schreckensbildern des 5. Akts möglich machen, handeln im Sinne der gleichen universellen Liebe wie die Elfen der *Anmutigen Gegend* des 1. Akts, über die es hieß, als sie Faust empfingen, der von der Katastrophe in Margaretes Kerker herkam: «Ob er heilig? ob er böse?/Jammert sie der Unglücksmann» (4619 f.).

Das Finale der Fausttragödie ist einem «Chorus Mysticus» vorbehalten: «Alles Vergängliche/Ist nur ein Gleichnis;/Das Unzulängliche/Hier wird's Ereignis;/Das Unbeschreibliche/Hier ist es getan;/Das Ewig-Weibliche/Zieht uns hinan» (12 104 ff.). Die mystische Hymne auf das erlösende «Ewig-Weibliche» ist der disparateste Widerspruch, den sich der Faustautor ausgedacht hat. Aufzuheben – womöglich im dialektisch voranschreitenden Prozess der Weltgeschichte – ist er bei Goethe nicht! Denn zwischen den kontemplativen Schlussversen, die das Hiersein des «unzulänglichen» (d. h. unerlangbaren) und «unbeschreiblichen» ewigen Seins feiern, und Fausts aktivistischem Fluch auf das «hier», zwischen dem jetzt – 1833, als endlich *Faust. Eine Tragödie* in all ihren Bruchstücken gedruckt vorliegt – vollends ausbrechenden modernen Konflikt zwischen Weltkontemplation und Weltveränderung gibt es nichts mehr zu vermitteln.

Wenn wir aber auch diesen dramatischen Kontrast zu den Bekenntnissen Goethes zählen und sein Wort von der «großen Konfession» ernstnehmen, können wir auf den Konflikt zwischen dem «immer vorwärts» strebenden Faust und dem schauend-staunenden Wanderer schließen, der sich in Goethe selbst abspielt, weil er beides ist, und weil Faust – über Goethes Sturm-und-Drang-Zeit hinaus – stets die «andere Möglichkeit seiner Existenz» bleibt (Seibt, 14). Nicht nur Faust, so bemerken wir, ist eine Analogie der Moderne, sondern auch der Wanderer. Er blickt auf die veränderte Wirklichkeit der am Ende von Goethes Leben anbrechenden neuen Epoche. Er sieht eine Welt, in der alle «festen» Gegenstände «aufgelöst» werden und in der «alles Ständische und Stehende verdampft.» Diese Erfahrung der Modernität, die Goethe in der Fausttragödie in dramatische Bilder verwandelt hat, ist uns Heutigen wohlvertraut, da auch für uns «Fausts unvollendete Baustelle der vibrierende und unsichere Grund ist, auf dem wir alle unser Leben einsetzen und aufbauen müssen» (Berman, 86).

Nachbemerkung

Zwei Aspekte sind bestimmend für den Argumentationsgang des vorliegenden Bandes: Goethes Verständnis der Faustfigur als «Analogie des modernen Wesens» und die – keineswegs der Reihenfolge der Szenen im Tragödientext entsprechende – reale historische Chronologie der über mehr als sechzig Jahre sich hinziehenden Entstehungs- und Publikationsgeschichte des Faustdramas. Die Analyse der weit aufgefächerten Textgenese spielt in der jüngsten Faustforschung und insbesondere in der aktuellen Fausteditionsphilologie eine herausragende Rolle und eröffnet neue Perspektiven auf Goethes *Faust*.

Einen vollständigen Überblick über die fragmentarische Entstehungs- und Druckgeschichte bietet erstmals die 2018 als Buchpublikation und zugleich als digitale Edition erschienene historisch-kritische *Faust*-Ausgabe: *Johann Wolfgang Goethe: Faust. Historisch-kritische Edition. Hg. von Anne Bohnenkamp, Silke Henke und Fotis Jannidis unter Mitarbeit von Gerrit Brüning, Katrin Henzel, Christoph Leijser, Gregor Middell, Dietmar Pravida, Thorsten Vitt und Moritz Wissenbach. Göttingen 2018.*

Dieses wahre Wunderwerk der Faustphilologie und der Editionswissenschaft macht die zahllosen Bruchstücke sichtbar, aus denen Goethe zwischen 1770 und 1831 den Text der Gesamttragödie zusammengesetzt hat, und präsentiert all die diversen Textschichten, weit verstreuten Manuskriptteile, Handschriften und Reinschriften, Hinzufügungen, Revisionen, Ausstreichungen, Überschreibungen und Variationen. Da das riesige Konvolut der *Faust*-Bruchstücke und fragmentarischen (zu Goethes Lebzeiten erschienenen) *Faust*-Publikationen die Darstellbarkeit in einem herkömmlichen Druckverfahren übersteigt, bedient man sich in der historisch-kritischen Ausgabe auch der Möglichkeiten einer digitalen Edition. Im Internet frei und jederzeit zugänglich (unter www.faustedition.net), kann man darin jedes Fragment auch noch aus der entferntesten Textschicht auf den Bildschirm holen und die vielfach gebrochene Textgenese in allen Zwischenschritten verfolgen. Auf diese Weise ließe sich meine Darstellung der Thematik und der realen Entstehungs- und Druckgeschichte von Goethes *Faust* gleichsam illustrieren.

Ermöglicht wurden mir meine neuerlichen Faust- und Goethestudien durch ein Fellowship der Carl Friedrich von Siemens Stiftung in München. Dafür bin ich der Stiftung und ihrem Geschäftsführer Heinrich Meier zu großem Dank verpflichtet. Dankbar erinnere ich mich der geistvollen Vortrags- und Diskussionskultur in Nymphenburg und der dort waltenden liberalen Atmosphäre. Für inspirierende Gespräche über Goethe, Faust und die Welt danke ich Heinrich Meier und Wiebke Meier, Wilhelm Vossenkuhl, David Womersley, Caro Godlee, Albert von Schirnding und Teresa Löwe. Die kritische Durchsicht meines Textes hat dankenswerterweise Ursula Enderle übernommen.

Michael Jaeger Berlin, im September 2020

Zitierweise und Literaturangaben

1. Zitierte *Faust*-Ausgabe

Goethes *Faust* wird (in der Regel mit Versangaben, im Falle der Prosapassagen mit Seitenangaben) zitiert nach der mit einem ausführlichen Stellenkommentar versehenen Ausgabe Albrecht Schönes: *Johann Wolfgang Goethe: Faust. Texte. Hg. von Albrecht Schöne. Berlin 2017 (*= 8., revidierte und aktualisierte Auflage von Bd. 7 [7/1] der Edition *Johann Wolfgang Goethe: Sämtliche Werke, Briefe, Tagebücher und Gespräche in 40 Bänden. Frankfurt a. M. 1994).* Die *Frühe Fassung* («Urfaust») wird aus demselben Band mit Angabe der Seitenzahl *[kursiv]* zitiert, jeweils gefolgt von der Angabe der Verszahlen [recte] der entsprechenden Passagen in *Faust I,* die dort in anderer Orthographie und, bei einigen Textstellen, mit abweichendem Wortlaut wiederkehren. Die Verse aus *Faust. Ein Fragment* werden nach der Verszählung von *Faust I* zitiert. Andere Dokumente aus diesem Band werden mit Angabe der Seitenzahl unter der Sigle **FA 7/1** zitiert. Der *Faust*-Kommentar Albrecht Schönes wird unter **Schöne 2017** zitiert (s. u.).

2. Weitere siglierte Goetheausgaben und unsiglierte Quellentexte, zitiert mit Angabe der Band- und Seitenzahl

Georg Wilhelm Friedrich Hegel: Phänomenologie des Geistes. Hg. v. Johannes Hoffmeister. Hamburg 1952.

Historia von D. Johann Fausten. Text des Druckes von 1587. Kritische Ausgabe. Hg. v. Stephan Füssel u. Hans Joachim Kreutzer. Stuttgart 1999.

HABfe/HABfeaG – Goethes Briefe und Briefe an Goethe. Hamburger Ausgabe in 6 Bänden. Hg. v. Karl Robert Mandelkow. 4. Aufl. München 1988.

MA – Johann Wolfgang Goethe: Sämtliche Werke nach Epochen seines Schaffens (Münchner Ausgabe). Hg. v. Karl Richter u. a. München 1988 ff.

WA – Goethes Werke. Hg. im Auftrage der Großherzogin von Sachsen (Weimarer Ausgabe). Weimar 1887–1919. Reprint München 1987.

Gotthold Ephraim Lessing: Werke. Hg. v. Herbert G. Göpfert. München 1971 ff.

Marx, Karl/Engels, Friedrich: Werke (MEW). Berlin 1959 ff.

3. Zitierte philologische und ideengeschichtliche Literatur

Arendt, Hannah: Vita activa oder Vom tätigen Leben. München 1981.

Bauer, Manuel: Der literarische Faust-Mythos. Grundlagen – Geschichte – Gegenwart. Stuttgart 2018.

Berman, Marshall: All That Is Solid Melts Into Air. The Experience of Modernity. New York 1982.

Binswanger, Hans Christoph: Geld und Magie. Eine ökonomische Deutung von Goethes Faust. Hamburg 2005.

Bohnenkamp, Anne: «... das Hauptgeschäft nicht außer Augen lassend». Die Paralipomena zu Goethes ‹Faust›. Frankfurt a. M. 1994.

Boyle, Nicholas: The Politics of Faust II. Another look at the stratum of 1831. In: Publications of the English Goethe Society 52 (1982), 4–43.

Boyle, Nicholas: Faust. Part One (Landmarks of world literature). Cambridge 1987.

Boyle, Nicholas: Der religiöse und tragische Sinn von Fausts Wette. In: Michael Jaeger (Hg.): «Verweile doch» – Goethes Faust heute. Die Faust-Konferenz am Deutschen Theater. Berlin 2006, 37–45.

Detering, Heinrich: Menschen im Weltgarten. Die Entdeckung der Ökologie in der Literatur von Haller bis Humboldt. Göttingen 2020.

Hadot, Pierre: N'oublie pas de vivre. Goethe et la tradition des exercices spirituels. Paris 2008.

Jaeger, Michael: Fausts Kolonie. Goethes kritische Phänomenologie der Moderne. Würzburg 2004.

Jaeger, Michael: Wanderers Verstummen, Goethes Schweigen, Fausts Tragödie. Oder: Die große Transformation der Welt. Würzburg 2014.

Keller, Werner: «Wie es auch sei das Leben ...». Beiträge zu Goethes Dichten und Denken. Göttingen 2009.

Koselleck, Reinhart: Kritik und Krise. Eine Studie zur Pathogenese der bürgerlichen Welt. Frankfurt a.M. 1973.

Košenina, Alexander: Der gelehrte Narr. Gelehrtensatire seit der Aufklärung. Göttingen 2003.

Löwith, Karl: Weltgeschichte und Heilsgeschehen. Die theologischen Voraussetzungen der Geschichtsphilosophie. In: Ders.: Sämtliche Schriften. Bd. 2. Stuttgart 1983.

Löwith, Karl: Von Hegel zu Nietzsche. Der revolutionäre Bruch im Denken des 19. Jahrhunderts. In: Ders.: Sämtliche Schriften. Bd. 4. Stuttgart 1988.

Michelsen, Peter: Im Banne Fausts. Zwölf Faust-Studien. Würzburg 2000.

Osten, Manfred: «Alles veloziferisch» oder Goethes Entdeckung der Langsamkeit. Zur Modernität eines Klassikers im 21. Jahrhundert. Frankfurt a.M. 2003.

Osterhammel, Jürgen: Die Verwandlung der Welt. Eine Geschichte des 19. Jahrhunderts. München 2009.

Schings, Hans-Jürgen: Zustimmung zur Welt. Goethe-Studien. Würzburg 2011.

Schings, Hans-Jürgen: Klassik in Zeiten der Revolution. Würzburg 2017.

Schmidt, Jochen: Goethes Faust. Grundlagen – Werk – Wirkung. München 1999.

Schlaffer, Heinz: Faust. Zweiter Teil. Die Allegorie des 19. Jahrhunderts. Stuttgart 1981.

Schöne, Albrecht: Johann Wolfgang Goethe. Faust. Kommentare. Berlin 2017.

Schuchard, Gottlieb C. L.: Julirevolution, St. Simonismus und die Faustpartien von 1831. In: Zeitschrift für Deutsche Philologie 60 (1935), 240–274; 362–384.

Seibt, Gustav: Der Vorschein unserer Katastrophen. Tragödie der Moderne, Tragödie Goethes. In: Süddeutsche Zeitung, 21.11.2014, 14.

Seidlin, Oskar: Das Etwas und das Nichts. Versuch zur Neu-Interpretation einer Faust-Stelle. In: The Germanic Review 19 (1944), 170–175.

Wagner, Friedrich: Die Wissenschaft und die gefährdete Welt. Eine Wissenschaftssoziologie der Atomphysik. München 1964.

Eine erweiterte Auswahlbibliographie zum vorliegenden Band ist abrufbar unter: www.chbeck.de/jaeger-faust.